JN057758

NAKAO, Katsumi

中生 勝美 [著]

異文化への
アプローチ

文化人類学入門

Cultural Anthropological Methods
for Approaching Different Cultures

北樹出版

は じ め に

　本書は、筆者が 30 年近く文化人類学の授業を担当した講義ノートを基礎に
執筆した。授業を始めた頃は、エルマン・サーヴィスの『民族の世界』をテキ
ストに指定し、文化人類学で頻繁に言及される著名な民族誌を紹介しながら、
人類学の基本的なテーマである親族、婚姻、社会組織、宗教、環境問題、狩
猟、遊牧、民族紛争などを、それぞれの民族誌に基づいた具体的な事例を通し
て講義してきた。

　文化人類学は、フィールドワークによって築かれた学問である。そのため、
自らのフィールドではない社会を講義する時、自らのフィールド経験に重ね合
わせて説明し、かつ学生に伝えやすいことを考慮して、できるだけ映像資料が
あり、かつ日本語文献が多くある民族を選んで授業をしていた。そうしている
うち、次の二つのことに気付いた。まず、イギリスやフランスの人類学者は、
かつて自国の植民地を中心に調査したが、日本の人類学者は、戦後世界各国に
フィールドを広げて著作や論文を公表しているので、世界中のどの地域につい
ても専門家がいることである。だから、世界各地の民族誌が日本語で読めるこ
と、そして海外の著名な民族誌は日本語に翻訳されているので、日本語の情報
のみでかなりの専門的知識を得ることができる。

　そして、研究者と日本語資料がそろっている地域は、テレビのドキュメンタ
リーやクイズのようなバラエティ番組でも取り上げられやすいので、学生にも
身近に触れることができる。そうした番組は、きちんと専門書の情報に基づい
て映像化し、かつ現地でのインタビューも翻訳した字幕を付けているので、文
字情報だけでは学生に分かりにくい部分をかなり補完してくれた。

　毎年授業を進めていくうち、テキストとして使っていたサーヴィスの『民族
の世界』から徐々に離れていき、日本語の民族誌を基礎にした内容のテキスト
が出来上がってきた。本書は、サーヴィスの『民族の世界』で取り上げた民族
の半数近くと同じであるが、内容的には、日本人の人類学者の成果に基づいて

いるので、かなり着眼点が異なるものになった。毎年、改良を重ねていて、時に自分のフィールドで直面するグローバリゼーションや、観光、環境保護、地球温暖化など共通する問題が世界各地で起きていることを確認でき、フィールドは違っていても、類似した社会現象が同時多発的に起きていることに気付かされた。

　伝統は絶えず変化し、更新され、この民族の文化はこうであると固定的に見ることはできない。その変化のプロセスの中で、人々は生き、連綿と生活を続けている。そして、時代とともに社会は変化しているが、グローバリゼーションは、現在世界の隅々まで行き届いている。サーヴィスの『民族の世界』の序文に、増田義郎は文明世界に住む我々は、伝統社会（未開社会）の実態についてほとんど知らないと書いているが、情報革命により、遠くの世界が身近になった。例えば私のFacebook仲間である、フィールドで知り合った地元の友人たちは、日々の生活やイベント情報を絶えず投稿しており、現地のリアルタイムの情報を瞬時に伝えている。またブラジルのアマゾン川流域に住んでいる先住民は、ドローンを駆使して映像を撮り、SNSで発信して環境破壊の実態を告発し、自らの生活を守ろうとしている。その意味で、世界は身近に感じられるようになった。だからといって、文化の違いは簡単に乗り越えることはできず、逆に差異は顕在化し、異文化接触は緊張をはらんでいる。

　文化人類学が、自ら生活する社会とは異なる世界の人間の生活様式を紹介し、異文化との接触による緊張関係を、差別や対立に向かわせないようにしながら人間の理解を深める学問として有益であることを、民族誌の学習から学んでほしい。

　本書は、できるだけ初学者にも分かりやすいように配慮して記述しているが、参考文献を示しているので、より詳しく知りたい場合は、そちらを参照してほしい。

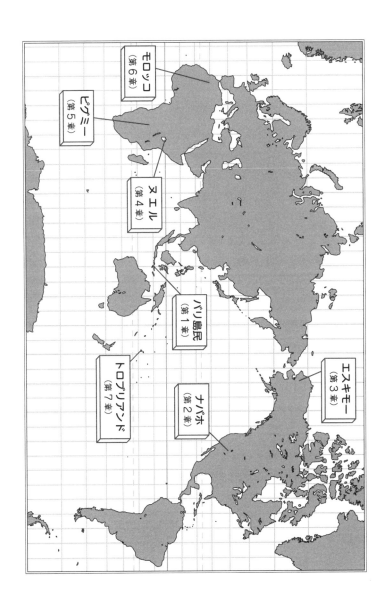

モロッコ（第6章）
ピグミー（第5章）
ヌエル（第4章）
バリ島民（第1章）
トロブリアンド（第7章）
ナバホ（第2章）
エスキモー（第3章）

● 目　　次 ●

異文化への
アプローチ

文化人類学入門

hapter 序章
民族と世界

　1989 年 11 月 9 日にベルリンの壁が崩され、戦後長く続いた冷戦が終わってから、世界の人々は、平和と自由が到来することを期待した。しかし、世界平和が長く続くことはなく、21 世紀になって世界秩序は急速に流動化しているように思える。

　21 世紀になり、グローバリゼーションは、世界の様々な枠組みを根底から変えている。かつて文化人類学は、世界の辺境に住む少数民族を研究対象にしていたので、探検隊を組織して出かけたり、あるいは現地に住み込むフィールドワークをしながら、自ら生活する社会とはかけ離れた場所で研究していた。しかし現在では、辺境地と言われるところに行っても、インターネットが普及し、現地の人々は SNS で日常的に情報交換をしていて、かつて「辺境地」にあった、いわゆる「未開社会」はなくなったと言ってもいいだろう。

　文化人類学は、世界の辺境地に住む少数民族の生活習慣や宗教・価値観を研究対象に「異文化」を理解することから出発した。しかし、グローバリゼーションの結果、ヒト・モノ・金・情報の移動が自由となり、いまや文化・宗教・価値観を異にする人々が、日常的に同じ生活空間に住む状況が世界各地で生まれている。そこで顕著になったのは、異なる文化を持つ人たちとの共存や異文化理解という、人類学が最終的に目指す目標とは真逆のヘイトスピーチの横行や、SNS での差別的言動の発信の拡散であり、相互理解とは程遠い状況が生まれている。異なる文化との接触が多くなったからこそ、どうすれば無益な衝突を回避し、相互に共存できるかという智慧が必要になっている。つまり人類の文化的多様性に向き合う入口として、文化人類学が蓄積してきた知識は、自分たちと全くかかわりのない世界を知る意味であるとか、我々の世界と

どのように異文化がつながっているのかを考えるきっかけを与えてくれる。

　かつて「未開社会」と呼ばれた社会も、世界の隅々まで浸透したグローバリゼーションにより大きく変化している。しかし多くの人が世界各地に旅行できるようになったからといって、必ずしも世界中の文化が平均化したわけではない。例えば、イスラム文化圏で、肌をあらわにした服装でイスラム寺院であるモスクに入ってはならないし、インド文化圏では、不浄とする左手で食べ物を持ったり、子供の頭をなでたりしてはいけない。こうした文化の特性を頭の中で分かったつもりでも実感を持てないことが多く、現地でカルチャーショックを体験して初めて異文化を感じるものだ。

　文化の違いは、決して遠くの場所と比較するから際立つわけではない。例えば呉善花は著作『スカートの風』（1990年）の中で、食事文化がいかに韓国と日本で異なるかを紹介している。韓国では、ご飯の茶碗を手で持ってはいけない食事作法があるが、日本はその正反対で、ご飯の茶碗を手で持たねば無作法になる。呉は、日本にいる時、非常に抵抗感を持って日本の食事作法に従わねばならなかったと告白している。このように異なる文化を持つ人たちと接する時、食事の習慣や礼儀作法のような身近なことからも分かるように、違和感のようなマイナスの結果をもたらすこともある。そうした文化の違いは、それぞれの社会により培われてきたもので、自文化に「なぜ」と疑問を持つことはない。そうした疑問は、異文化に接した時に、初めて生まれるものだから。

　本書で紹介する社会や民族は、文化人類学の研究で蓄積された世界各地の民族誌の記録に基づいている。では文化人類学とは一体どういう学問なのかから説明したい。

1．文化人類学の歴史

　文化人類学は、19世紀の終わりから欧米で発展した学問である。15世紀に始まる大航海時代から、ヨーロッパからアメリカ大陸やアジアにやってきた商人・宣教師・植民地官僚などは、そこで出会った非ヨーロッパ社会の人々の記

録を母国に送った。そうした非ヨーロッパの風俗習慣を、どのように理解するのかという学問として、人類学は発展してきた。

　人類学は、当初、人種の違いを身体や容貌などを測定して「科学的」に数値化したり、考古学や古代史などと比較したりすることから、人類の多様性を体系的に説明しようとした。またダーウィンの進化論は、生物全体の多様性を進化で説明する原理として大きな影響力を持ち、人類が過去からどのように発展して様々な社会を作っていったのかを説明しようとした。世界でも最も早く学問として人類学が成立したのは、1859年に設立されたパリ人類学会で、それに続いてイギリスでも人類学会が設立された。日本で最初に人類学の学術雑誌が創刊されたのは1886年で、日本で人類学の研究が始まったのは、世界的にも遅くはない。

　初期の人類学は、専門家というよりもアマチュアの同好会的な集まりだったが、異文化をいかに理解するのかという意図は当初からあった。「人類学は植民地主義の子供」と揶揄されたように、世界各地に植民地を有していて、太陽が沈まぬ大英帝国で人類学は盛んになった。イギリスのオックスフォード大学で1896年に人類学の講義を開いたタイラーは、それ以前に人類学の概説書の『原始文化』（1871年）を出版し、その後の人類学の形成に大きな影響力を持った。また、世界の様々な地域からもたらされる珍しい習慣の情報を集大成したジェームス・フレーザーは、未開社会の百科全書ともいわれる『金枝篇——呪術と宗教の研究』（1911-36年）という大著を著した。

　一方、アメリカでは、東部で弁護士を開業していたルイース・ヘンリー・モルガンが、全く独自の観点から人類学その他に大きな影響を与える本を書いた。彼は、インディアン居留地の土地問題で、アメリカ東部のネイティブ・アメリカンとして有名だったイロクオイ族の弁護を引き受けたことがきっかけとなり、彼らに恩人として迎えられ、彼ら独特の文化に触れた。モルガンは、大学で人類学を教えることはなかったが、イロクオイ族の民具の収集や、『アメリカ先住民のすまい』（1881年）を著すなど、ネイティブ・アメリカンについて多くの著作を残した。

モルガンの人類学に対する貢献は、イロクオイ族の分析からだった。この民族は、一族の系譜を母方からたどる母系制度で、ヨーロッパとは非常に異なった親族名称を持っていた。そこでモルガンは、この親族への呼びかけの語彙を集めて分析し、親族名称から異なる社会の発展形態を再構成しようとした。その成果をまとめて『人類の血族と姻族の体系』（1870年）を出版し、それに古代社会の例を加えて、人類の発展全体を描いた『古代社会』（1877年）を出版した。この本は、人類の進化を考えていた『資本論』（1867年）で有名なマルクスとエンゲルスに大きな影響を与えたので、マルクスは『古代社会ノート』（1941年）、エンゲルスは『家族・私有財産及び国家の起源——ルイース・H・モルガンの研究に因みて』（1884年）を書いた。モルガンの功績は、家族や親族という視点から社会を比較する方法を提起し、文化や社会を人類学的に分析する方向性を示したことである。

　その後、マリノフスキーがイギリスの人類学をリードし、近代人類学の基礎を作った。彼の人類学が「近代」と言われるのは、現在の人類学のフィールドワークという手法論が、彼によって確立されたからだ。それまでの人類学は、探検隊を派遣して辺境地の調査に赴き、現地に短期間留まって資料を集めていたのに対して、マリノフスキーは、現地に長く住み込み、通訳を通さず自らが現地の言語を操り、インタビューをして民族誌を書くというスタイルを確立した。

　マリノフスキーについて、詳しくは本書のトロブリアンド諸島民の章にゆずるが、彼は西洋人の目からは無意味に見えても、現地の人々にとっては非常に重要な意味があり、その意味付けを現地の人の視点から説明することが、「異文化」を知るうえで重要であることを強調した。また、当時流行していたフロイトの深層心理学の理論を応用しながら、性的な潜在意識が社会や文化に大きな影響を及ぼすという仮説、例えば父親に対するコンプレックスなどは、西洋社会だけに適合できるものであり、「父親」という概念がないトロブリアンドには当てはまらないと主張した。つまり、「人類一般には」と考えがちな西洋の学問が、異なる文化には通用しないことを、彼はトロブリアンド社会の事例

を通じて実証した。

　フランスの人類学者、レヴィ゠ストロースは、「人類の多様性を知るためには、一ヶ所に留まって観察していればいい。しかし人類とは何か、という問題を考える時には、遠くへいかねばならない」と述べている。レヴィ゠ストロースは、人類学に留まらず、哲学や人文科学にも影響を及ぼした構造人類学を提唱したが、彼の言う「遠く」とは、自らが持つ「常識」が通用しない辺境地を指している。我々が異なる文化と出会って「奇妙だ」と感じるのは、あくまで自分のものさしで「異文化」を見ているからだ。我々が違和感を持つのならば、逆の立場で見れば、相手も我々の習慣を「奇妙だ」と感じているはずだ。人類には、様々な考え方があり、多様な文化があることを理解するには、自分たちが属する文化を離れてみなければ分からない。我々は自分の文化を「あたりまえのもの」として無意識のうちに持っているので、自分たちの文化をものさしにしていることは自覚できない。

2. 文 化 と は

　さて、これまで「文化」という言葉を使ってきたが、文化人類学の「文化」とは何を指しているのだろうか。一般に「文化的」という形容詞を使うと、高尚な芸術や教養を連想するが、これは野蛮とか下等などと対照的な意味で使われる「文化」の用法である。これに対して例えば地方文化や縄文文化のように生活様式全般を表す意味でも使われる。文化人類学では、後者の意味で「文化」という概念を用いる。

　前述したタイラーは、『原始文化』の冒頭に、文化をこう定義している。

　　文化または文明とは、その最も広義の民族誌的意味で考えるならば、社会のメンバーとして人間の獲得する知識、信仰、芸術、道徳、慣習、その他の諸能力を含む複合的全体である。

タイラー自身はフィールドワーカーではないが、博物館で土器、食器、儀礼用仮面、農具などを展示する時に、文化的要素を複合的に理解する必要性に気付いた。このタイラーの文化定義は、その後批判されて一部の修正はあるが、「複合的全体」として文化諸要素を捉えるという点は、現在でも参照される定義である。

　また文化人類学は、「文化」が先天的で遺伝的な要因に規定されず、人間はコミュニケーションによって内的思考力を発展させ、思考、信念、感情、技術を、次の世代が学習によって受け継ぐことで、一定の行動様式を身に付けるようになるとする仮説の上に成り立っている。これを「文化化」という。人間は生まれ育った社会の文化パターンを基準にするので、一見不可解な行動を理解するためには、その背後にある価値観や、文化のパターンを解明する必要がある。そして多様な文化を比較研究することで人類の多様性と普遍性を理解できると考えている。

　アメリカの文化人類学者、ピーコックは、こうした思考や学習という観点から、次のように「文化」を定義している。

　　文化とは、特定の集団の成員によって学習され共有され、（その成員にとって）自
　　明でかつきわめて影響力のある、認識と行動のための規則の体系である。

　この「規則」とは、この場合、最も制度化されたものが法律であり、またその対極とは規範意識や思考のパターンと捉えてもいいだろう。

　文化人類学は、文化の定義を行い、それを適用する歴史でもあった。そのプロセスには、大きく分けて二つの方向性があった。一つは文化の観念的・象徴的体系に焦点を合わせ、宗教・神話・儀礼・世界観・分類体系などを研究すること。もう一つは、規則を作り出す「社会」に焦点を当てる方向性である。後者の研究には、機能主義と文化生態主義がある。機能主義とは、文化の諸要素が社会統合を維持するのに、いかなる機能を果たしているのかを研究し、文化生態主義は、文化の諸要素が生態学的適応に、どのような形態をとるのかを研

究するものである。

　このように「文化」の概念をさぐるため、文化人類学は様々な方法からアプローチをしているが、これらは決して対立するものではなく、相互補完的なものと言える。なぜならば、文化人類学はフィールドワークによって作られた学問なので、そのフィールドが持つ特性によって、その社会の描き方が異なっているからだ。例えば、本書で取り上げる、アフリカのナイル川上流に住むヌエル族にとっては牛が重要な社会的財産であるので、牛を中心に、財産や結婚、報復や社会統合を描くことが可能である。

　さて、「文化」が法則性を持ち、説明可能として捉えられてきた説明に対して、ギアツは「文化」を解釈するものと捉えた。ギアツは「文化」を本質的に記号論的であり、「人間は自分自身が張り巡らした意味の網の中にかかっている動物である」（ギアツ　1987：6）と定義した。そして民族誌を書く作業を目指すことは、マリノフスキー以来の伝統に従っているが、その目的は科学的法則の探究ではなく、解釈学的理解であるべきと主張した。

　しかし、こうした古典的な見方には、それぞれの社会の文化パターンは独自なものであるという前提があり、文化内部にある不一致、矛盾、食い違いなどは無視されて、その「文化」内で均一パターンがあると受け取られてしまう。ギアツの主張は同一文化内にいる成員が同じように行動すると考える「本質主義」であるとして、これを批判する見方が出てきた。

　これを、一つの事例から説明しよう。ある人類学者が辺境地の少数民族の集落に赴いてフィールドワークをしているとしよう。現地の人は、Ｔシャツを着て、腕時計をし、手には携帯電話を持っている。家にはノートパソコンがあり、電気が引かれていなくても、太陽電池で発電もできて、そこからパソコンや携帯電話などを充電している。そこでフィールドワークをしている人類学者がやってきて、その民族の「本質的」姿を写真に撮るため、携帯やパソコンを隠し、腕時計を外させて、さらにはＴシャツまで脱がして、かつてその民族が生活したであろう姿を写真に撮影しようとしたとしよう。まさにそのやり方こそが「本質主義」であり、外部の人間が勝手に作り上げたその民族のイメージ

に合わせた「演出」をしたことになる。

　こうしたフィールドワークの在り方を批判して、クリフォードとフィッシャーが編集した『文化を書く』（1996 年）が出版されると、階層、権力といった、人々の日常生活に介入する力に無関心でありすぎたとして、それまで人類学者が定義していた「文化」の概念に、新たな定義を求める声が上がった。これを前の事例に合わせていうならば、外部から入ってきた物質文化が、彼らの生活の一部になっている現状を、そのまま記述することが、新たな民族誌の方法として模索されたことを意味している。

3. 世界の変容、文化人類学の変貌

　最近の人類学では、「未開社会」と呼ばれた辺境地に長期間住み込んで調査を行う研究スタイルが少なくなっている。それは、まず前人未到の「未開社会」など、現在ほとんどなくなってしまったことが一つの要因としてある。また人類学の研究対象が、「未開社会」に限らず、社会の少数者やマイノリティを研究したり、様々な文化が交じり合う異種混交（ハイブリッド）な移民社会を研究したり、また大都市の生態に焦点を合わせたりするなど、徐々に変わってきた。これは、本質主義批判と密接に関係している。例えば、バリ島に居住している人だけが、バリ文化を保持しているのか、外国に移住したバリ人は、バリ文化を持っていないのか、という問題を立ててみよう。文化が土地と結びつくなら、そこから離れた人たちは、文化を持たないのかという疑問にどう答えたらいいだろう。ギアツは、タイラー以来の「文化」の定義が、漠然とした「複合的全体」で、習得された集団行動なら何でも含まれていたと批判する。そして有機的な一体性を持ち、ある土地に根差した固有なものという硬直した文化概念を捨てることを提唱している。

　つまり、外界との接触がなく、変化がない「純粋に伝統的な世界」は存在しないのであって、第二次世界大戦終結以来、世界の脱植民地化により移動は必然的な結果となり、「旅」は複雑な経験として現れたと表現している。そのた

め、起源（roots）は経路（routes）に先行するとして、多様な文化的意味を構成する異種混交に近代性を見出している（クリフォード　2002：12-13）。つまり近代になって伝統文化が消滅したと嘆くのではなく、外来の新たな文化が入ることにより、新たな文化が生成することを肯定的に捉えようとしているのである。このように、人類学も様々な批判にさらされながら、徐々に変化をしている。

　本書では、文化人類学で伝統的に取り上げられてきた社会や、牧畜、捕鯨などを営む世界の少数民族を紹介する。確かにこうしたテーマの研究は、以前に比べると少なくなったが、だからといって少数民族が消滅したわけではない。現在、伝統文化の伝承や復活、さらには「民族運動」という形で展開されている。それはとりもなおさず、先住民や少数民族が社会的弱者の立場に立たされており、グローバリゼーションの波におしつぶされそうになりながらも、伝統文化がどのように存続しているのかという問題意識が存続していることを意味しており、世界が単純に同一化されるわけではないことを考える上で有益だからである。

　地球温暖化、環境破壊、貨幣経済の浸透、文化観光、エコ・ツーリズム、民族紛争など、様々な世界の動きは、一体どのように少数民族の生活や文化に影響を与えているのだろうか。こうした問題を一般的な問いにしてしまうと、現在、世界でどのような問題が起きているのか実感できなくなる。それは抽象性を高めることによって、そこに生きている人間が見えなくなるからだとも言える。本書で取り上げる、アフリカ、ザイールのピグミーのムブティ族が住む森林は、かつて季節のない熱帯性気候であったのに、第二次世界大戦のあと森林伐採と地球温暖化の影響で雨季と乾季に分かれるようになった。我々の感覚では、地球温暖化とは「最近夏が暑くなった」とか「暖冬が続く」という程度の認識だが、彼らにとっては狩猟採取の獲物の動きが大きく変わるため死活問題となっている。

　このように、具体的事実から人類全体の問題を考えることが重要なのだが、快適な先進国の住民は、そうした問題が分かりにくくなっている。前述したフ

ランスの人類学者、レヴィ＝ストロースは、マルクスの有名な言葉「人間は歴史を作る。しかし、人間は歴史を作っていることを知らない」を引用して、前半で歴史学を正当化し、後半が人類学の存在根拠だと述べている。本書では、今まで文化人類学が培ってきた様々な知恵のエッセンスを、具体的な民族誌を通じて、文化の多様性を紹介したい。

【参 考 文 献】

渥美　一也　2005　「文化とアイデンティティ——先住民族は消滅するのか？」奥野克巳・花渕馨也共編『文化人類学のレッスン——フィールドからの出発』学陽書房　pp.207-233。

エルクセン, トーマス・ヒランド　2008　『人類学とは何か』鈴木清史訳　世界思想社。

ギアツ, クリフォード　1987　『文化の解釈学』Ⅰ　吉田禎吾他訳　岩波書店。

クリフォード, ジェイムズ・マーカス, ジョージ編　1996　『文化を書く』春日直樹他訳　紀伊国屋書店。

クリフォード, ジェイムズ　2002　『ルーツ——20 世紀後期の旅と翻訳』毛利嘉孝他訳　月曜社。

クリフォード, ジェイムズ　2003　『文化の窮状——二十世紀の民族誌、文学、芸術』太田好信他訳　人文書院。

呉　善花　1990　『スカートの風』三交社。

フレーザー　1951　『金枝篇：呪術と宗教の研究』1-5、永橋卓介訳　岩波書店。

タイラー, エドワード・B　2019　『原始文化』上下、奥山倫明他訳　国書刊行会。

レヴィ＝ストロース　1976　『野生の思考』大橋保夫訳　みすず書房。

レヴィ＝ストロース　1972　『構造人類学』荒川幾男他共訳　みすず書房。

スペルベル, ダン　1984　『人類学とはなにか——その知的枠組を問う』菅野盾樹訳　紀伊国屋書店。

ピーコック, ジェイムズ・L　1988　『人類学と人類学者』今福龍太訳　岩波書店。

サーヴィス, エルマン　1991　『民族の世界』増田義郎監修　講談社。

hapter 1

バリ島民

～伝統舞踊と社会変化～

はじめに

　インドネシアではイスラム教が優勢だが、バリ島は、例外的にインドから伝来したヒンドゥー教が一般的である。バリ・ヒンドゥーは、地元の土着宗教と融合した独特の文化によって、観光客や研究者を魅了している。バリ島は、「南の楽園」と宣伝されていることから、日本からも多くの観光客が訪れている。人類学でも、多くの人類学者がバリ島をフィールドにしている。バリ島における人類学分野の研究は日本語でも多く出され、英語の研究文献も翻訳されており、民族誌、旅行記、写真集など多くの書籍が出版されている。アクセスも良く、日本語の情報も多いため、バリ島はテレビ番組にもよく取り上げられている。

1. バリ島の概況

　インドネシアは、大小多くの島々からできている。国の中央を赤道が貫通する熱帯で、国の面積は約 190 万平方キロと、日本のほぼ 5 倍の大きさである。通常イスラム教といえば、中東諸国をイメージするが、東南アジアにもイスラム教徒は多く、その中でもインドネシアはイスラム教徒が最も多い国である。しかしバリ島だけは、例外的にヒンドゥー教を信仰している。

　インドネシアの身分証明書には、宗教を記載する項目がある。そこに登録できる宗教には、イスラム教・キリスト教・ヒンドゥー教 [1] がある。バリのヒンドゥー教は「ヒンドゥー・ダルモ」と呼ばれ、1958 年にインドネシア宗教

省により認定された。「芸能の島バリ」「南国の楽園バリ」と呼ばれるバリ島の文化は、このヒンドゥー教が重要な要素になっている。

　バリ島は、ジャワ島の東に位置し、中央の火山を中心に扇が開いたような形をしている（図1-1）。

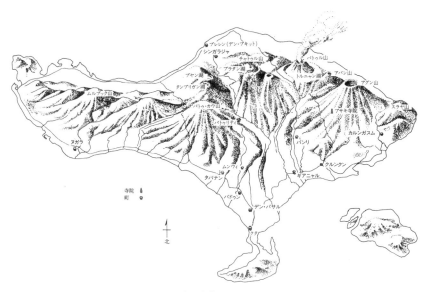

図 1-1　バリ島の全体図（ギアツ　1989：11）

2. 歴　　史

　バリ島にヒンドゥー文化が伝わった経緯を、南アジアの歴史から解説する。インドネシアは海によって大陸から隔てられているが、外部からの影響は皆無ではない。8世紀から9世紀にかけて、隣のジャワ島では、ボロブドール寺院

---

(1)「ヒンズー教」とも表記されるが、本書は「ヒンドゥー教」に統一して表記する。

が建造されるなど仏教の影響を受けていた。当時、マラッカ海峡を支配して東西交易で栄えた中継貿易国シェリヴィジャヤの影響を受けて、ジャワ島中央部ではシャイレンドラ王朝が成立した。当時から、ジャワ島では水田を開発して米を輸出することで王朝の収入としており、王朝では華麗な仏教文化が花開いていた。ジャワ島中部の王朝はバリ島にも影響を及ぼし、火山の南に広がる肥沃な平野部で、盛んに輸出用の米が栽培されるようになった（吉田　1992：21-22）。

　バリ島では、サンスクリット語や、南インドの文字を基礎にした古バリ語で記録された碑文によって、バリの王朝の盛衰が研究されている。例えばジャワ島東部の王国との関係が深く、群雄割拠時代が続き、16世紀にゲルゲル王国が最盛期を迎えたことが分かってきた。この王朝は、華麗な宮廷文化を育み、古典文学や仮面劇、影絵芝居などの芸能、音楽や彫刻などでヒンドゥー＝ジャワの影響を受けた。信仰面でも、ジャワ島から渡来した僧侶たちが、現在観光名所になっている寺院を建造した（吉田　1992：27）。この時期に、インド文化がバリに伝わったのは、ジャワ島にあるヒンドゥー国家が、新興勢力のイスラム国家から攻撃を受け、たくさんの王族や学者、僧侶たちが、膨大な宗教知識や古典文学の手稿本を持ってバリに逃亡して、バリにヒンドゥー文化を花開く基礎を作った（ギアツ　1989：11、河野・中村　1994：76）。

　17世紀から18世紀にかけて、バリ島では7つの小王国が成立し、これが現在のバリ島の8つの県の基礎になっている。この時期バリ島対岸のジャワ島では、東部インドネシアに勢力の拡大を狙うイスラム勢力に対抗して、戦闘が続いていた（吉田　1992：28）。このイスラム勢力の拡張を抑えたのが、新興勢力オランダであった。1597年にオランダから派遣した最初の船団がバリ島に到着した。オランダ東インド会社は、遠く日本まで交易ルートをひろげ、江戸時代に鎖国をした日本でも、オランダとは長崎の出島で交易をしていた。オランダから日本に来る中継地としても使われたバタヴィア（＝現在のジャカルタ）が、オランダの貿易拠点だった。バリをめぐる通商は、中国人・アラブ人・ブギス人・オランダ人の手に握られ、米・奴隷・アヘンが取引されていた（吉田

1992：29）。

　オランダ人がバリ島に来島したのは 1597 年だった。オランダ人は、バリ島
で寡婦が夫の葬儀で殉死する習慣をきっかけに、バリのヒンドゥー教に関心を
持った（ヴィッカーズ　2000：18-22）。この習慣はサティーといい、夫に先立たれ
た妻は夫に従って死ぬのが理想だとするヒンドゥー教に基づく風習で、バリで
は 19 世紀までこの習慣が残っていた（河野・中村　1994：80）。

　オランダ人は、当初、バリ人と華人の混血女性が非ムスリムだという理由
で、彼女たちを奴隷交易の対象にした。しかし彼女たちが、よく「アムック状
態」（＝昏睡状態）になるため、1661 年には東インド会社に苦情が入り、最終的
にバリ島人の奴隷交易が禁止された。1830 年代に最終的な奴隷交易の禁止令
が出されたが、実際は 1860 年代まで奴隷交易が続いていた（ヴィッカーズ
2000：26-40）。

　19 世紀のバリ島は小王国が分立し、特に南部は戦乱状態だった。オランダ
はこれに乗じて北部の王国から宗主権を認めさせ、1908 年にバリ全島を支配
した（永渕　1989：24）。オランダのインドネシア支配は、東インド会社による
交易の独占から始まり、1830 年代に始まった交易作物を大量に栽培させる強
制栽培制度は、オランダ政府が要求する作物栽培を現地民に義務付け、オラン
ダ政府が指定する価格で買い上げる激しい搾取体制で、農民は悲惨な生活を強
いられた。その反動で、オランダのインドネシア支配を正当化するため、現地
社会の生活向上に努めるのがオランダ人の責務であるという倫理政策が 1860
年代から芽生え、ついに 1901 年にオランダ女王は議会開院式の演説で表明し
た（永渕　1989：30）。このように、オランダ植民地政府は、帝国主義と倫理政
策という一見矛盾した政策をとるようになった。

　バリ島支配を始めたオランダ政府は、ジャワ統治の経験を踏まえ、専門家を
招いてバリ島のヒンドゥー文化を調査させた。しかし、それは単なる学術的な
調査ではなく、統治の基礎にするためだった。調査を生かして、バリの法的慣
習を示す文書を整備し、裁判官にはヒンドゥー的秩序の専門家と認めた司祭を
任命して、実際の裁判を運用させることもあった。またヒンドゥー教の身分制

度であるカーストを重視し、複雑な身分の上下関係を単純化し、上位カースト
と平民を区別した。また村落社会の自立性を根拠として、政府は村落集団と水
利領域の単位を決めた。つまり統治単位として、個人ではなく、集団単位で把
握する方が簡便なので、政府は集団規模を均一に設定し、強制労働や税金を課
する基盤とした（永渕　1989：36-39）。

　オランダは、カーストを整備しながら、他方で農民の貴族に対する軍事的・
儀礼的・経済（納税）の義務を廃止した（ギアツ　1989：33）。こうして貴族階層
の特権を奪って王家を弱体化しながら、オランダ植民地体制を擁護する近代教
育を受けたエリートを「原住民の代表」として貴族の代わりに重用すること
で、王家の旧体制を通してオランダが支配する間接統治体制が確立した（永渕
1989：60-61）。

　オランダのバリ支配と文化政策を決定的にしたのは、1917年1月にバリ南
部を襲った大地震の復興政策だった。この地震で多くの家屋や寺院が倒壊し、
多くの死傷者がでた。この時、バリ文化を研究するためにオランダから来てい
た建築家のP.J.A. モーエンは、率先して価値の高い寺院や旧貴族の邸宅を復旧
した。当時のバリ人は、バリの伝統様式ではなく西洋的に復興することで「近
代的になる」と考えていたが、モーエンは、あくまで伝統的な建築様式でバリ
の建造物を復興するように指導した。これは、バリ島の伝統建築が、現地の
人々の考えではなく、植民地政府の方針として復興されたことを意味する（永
渕　1989：41-66）。

　またオランダ政府のバリ文化保護の方針は、1920年代になって一層鮮明に
なり、地方政府はバリ語や伝統的工芸技術を学校でバリ人に教える必要性を訴
え、これを「バリ人のバリ化」と呼んだ。つまりオランダ人が考えるバリ文化
をバリ人に教えたのである。この時代に始まった観光開発も、文化重視の姿勢
が打ち出され、近代化意識は周辺に押しやられた（永渕　1989：67-69）。

　このようにオランダのインドネシア統治は、徹底した慣習法調査に基づく間
接統治が特徴である。これは武力支配よりも、現地の既存勢力を間接的に利用
して統治した方が、結果的にはコストを抑えた効率的な支配が可能であったた

めだ。インドネシアでは、バリ島に限らず、あらゆる地域でオランダ人植民地官僚が「慣習法」を調査し、現地の人々が持っている社会規制や文化背景を把握して統治に役立てた。この政策が、のちにオランダの人類学研究を推進させ、ライデン学派のように、世界的にも人類学研究をリードする結果になった。

　太平洋戦争により日本軍がインドネシアを占領した時に、オランダの支配は終わった。日本軍は、1942年3月からジャワ攻略を始め、短期間でインドネシアを占領した。その後、バリ島でも日本の統治が始まり、島内の小学校で日本語を教え、日本の唱歌・ラジオ体操の音楽が鳴り響いた。当時、日本語の教師として赴任していた人の手記が出版されている（鈴木　1999）。

3. バリ・ヒンドゥー文化

（1）インドとバリのヒンドゥー文化

　バリ島が独特の文化を持つ要因は、歴史でも見たように、イスラム化をしたインドネシアにありながら、唯一ヒンドゥー文化を守り続けたことにある。しかし、そのヒンドゥー文化は、インドのヒンドゥー文化とは異なり、在来のバリ島固有文化と融合して、独特のバリ・ヒンドゥー文化を形成した。ではその特徴を具体的に紹介していこう。

　インドでは、牛を神聖視し、使役したり牛肉を食べたりすることはないが、バリ島では役畜として農耕に使用し、供犠として殺すこともあり、牛に対するタブーはない。火葬はヒンドゥー起源だが、インドの火葬は簡素なのに対して、バリでは非常に盛大で、華麗な行列を組んで火葬広場まで棺を運ぶ。またバリでは神々や祖霊の祭りの時、多数の供物をささげるが、インドではささげない（河野・中村　1994：3）。このようにバリでは華やかな儀礼が多い。また「見せる」儀礼として、インドのシヴァ教ではホーマという火に溶けたバターを注ぐ儀式が重要だが、バリ島は、牛が少なくてバターが入手しにくいので、この儀礼はない。しかし日本に伝わった仏教では、バターの代わりに木片を使って密教儀礼をしているので、バリ島でこの儀礼がなくなっていることは謎

だと言われている。またバリでは神像を作らないのは、偶像崇拝を禁じたイスラム教の影響だと言われている。あるいはシヴァ教の高度な崇拝形式として、完全に精神的観念のみで信仰の対象をイメージすることに由来しているのかもしれない（河野・中村　1994：68）。つまり、バリ島の神は、神像に具象化するものではなく、世界から現世に降臨するイメージが「神」と考えることから、神像を作らなかったとも考えられる。

　インドとバリに共通する文化の一例に、右手を聖なるもの、左手を穢れたものとみる価値観がある。例えば、食事をする時は、決して左手を使わない。子供は2、3歳まで、ものをもらったりする時に、左手を使わないことを徹底して教えられる。大人たちは左手で乳幼児を抱き、子供の右手は抱いている大人の左胸と自分の体に挟まれて自由に使えなくさせて、誰かからお菓子をもらうと、その子は自由に使える左手を使おうとするが、抱いている大人や周りの大人は、それを制して、あえて押さえつけている右手を使うようにしつける。まだどちらの手を使うか迷うような年齢の子供に対しては、親が「どちらの手を使うの？」と尋ね、子供に使うべき手を確認させる。こうして左手を使う禁忌は、物心つく頃からのしつけから無意識に形成され、規範が個人の感情や内面を規定するものとして継承されていく（河野・中村　1994：22）。

（2）民 俗 方 位

　バリ島には、ヒンドゥー文化が入る前から独自の文化があり、そこにヒンドゥー文化が入って、文化融合が起きた例として、民俗方位がある。東西南北のような方位とは異なる、文化的な地理的な定位法を「民俗方位」というが、山を聖なるもの、祖先の霊が住まうところとする信仰は、インドネシア諸島部に広く見られる（河野・中村　1994：40）。「山の方」「海の方」という独特の方位観は、「山の方」が聖なる方向、「海の方」が不浄・穢れなどを表している。この二項対立は、儀礼だけでなく、社会生活のあらゆる側面に現れ、生活を規律している。例えば、慣習村の作り方や村の寺院の配置は、上下を考慮する。また死者を弔う寺院は、例外なく村の「海側」に作られ、火葬する場所も村の

「海側」の広場で行う。神々や祖先を祭る社（やしろ）は山側に作られ、兄弟が同居する場合、兄の家は弟の家よりも山側に建てられ、台所・水浴場・ブタの囲いは「海の方」に作られる。バンジャール（村）で会合があると、年配者は「山側」に座り、若者は「海の方」に座る。

　この山と海の対比は、バリ人と外国人の間の分類にも当てはまる。バリ人にとって、外来者、つまりよそ者は下に位置している。だからよそ者の観光客たちは海岸沿いのリゾート地で海水浴をしており、バリ人は内陸部に住んでいるので、バリ人を上位に置き、外来者の観光客を下位にみなしていて、彼らの山と海の聖俗観に一致している（河野・中村　1994：7-9）。地形によって聖なる山の方向が決まるので、島の南北では、聖なる方向＝「山の方」が逆になる。家屋の配置も、我々は南向きの家屋が、陽光が入るので望ましいと考えるが、バリ島では、山の位置が重要なので、バンジャール、および家屋の構造にも、「山の方」と右手優位の原則がある（戸谷　1978：164、河野・中村　1994：42）。

（3）悪魔払いの儀礼

　バリ島では、芸能と宗教が一体になった儀礼が多くある。その中で代表的なのが、サンギャンと呼ばれる土着の悪魔払い儀礼である。サンギャンの儀礼が行われる場所は、村の起源寺・死者のための寺院・十字路・三叉路である。サンギャンは、20数種類あるが、精霊を直接踊り手に憑依させる場合と、間接的に精霊が踊り手に憑依する場合の二つのタイプがある（河野・中村　1994：92、98-99）。

　この儀式について、コバルビアスが著した『バリ島』からまとめてみよう（コバルビアス　1991：333-337）。この儀式をするため、司祭はトランスに入る訓練を受ける少女を選ぶ。男女の合唱団の練習が始まり、良い心地にする歌と香と司祭の催眠力により、少女はだんだん恍惚状態になる。少女は、踊りの稽古をしたことがないのに、トランス状態に入ると、どんな踊りでも踊ることができる。バリ人は、少女の体に女神が入って踊るので不思議はないと言う。

　少女の準備ができると、死をつかさどる寺へ行き、祭壇を作る。司祭が短い

祈りをしたあと、女たちが歌い始める。すると少女はまどろみ始め、突然気を失って倒れる。少女がトランス状態に入っている時、付き添いの女性たちが少女に金色の衣装を着せ替え、女たちは歌う。すると少女は踊り始め、司祭は供えた聖水を魔よけの水に変えてくれるよう祈る。

　少女は、庭の中で燃え盛る炭の上を、素足で駆けちらし、火を消す。そして少女は男の肩に担がれながら優雅に踊る。それがおわると、司祭は髪飾りの花を魔よけとしてみんなに配り、女神を送る歌を歌いながら、聖水を少女にかけて正気にもどす。儀式は2、3時間続くが、激しい踊りにもかかわらず、少女は疲れをみせない。それは踊り手が自分自身のリズムに誘われて、疲れを知らない超自然の世界に入るからだと言われる。

　雨期はマラリア等の伝染病が発生しやすくなるが、バリ人は悪の力が優勢になるので病気が発生すると考えていた。そのために悪霊をなだめ、良い霊に地上へ降りるよう祈願する儀式をこの時期に行う。この儀礼の背後には、「サクティ」（生命力）、あるいは善悪の変化が自在であるという考えがあり、この悪魔払い儀礼は、豊饒と生命力をもたらすためだと言われる。

　1980年代に行われた、サンギャン儀式の調査によると、当時からサンギャンは徐々に少なくなり、若者の多くは、この儀礼を見たことがないと言っていた。そして、歌と踊りはセットになっているにもかかわらず、古い歌を歌うことのできる人がいなくなり、儀礼が途絶えたと嘆く老人もいたという。しかし、共同体が危機に直面すると、途絶えていた儀礼が突然復活することもある。また反対にトランス状態へ陥りやすいのが、バリ人の信仰の大きな特徴であるにもかかわらず、この儀礼の中核となるトランス状態を省略して少女に踊りを伝えている村もある（河野・中村　1994：91-109）。

（4）稲の精霊信仰

　バリ島の風景写真には、稲の棚田が紹介されている。バリ島には、在来種としてジャバニカの稲があった。現在は、1970年代に展開された「緑の革命」によって、インディカを植えるようになり、農業システムが大きく変わった。

バリ島の信仰として、稲作は非常に重要な儀式体系を持っている。稲作儀礼について、先に取り上げた『バリ島』からまとめよう（コバルビアス　1991：101-108）。

　バリ島では、人間が稲のおかげで生きているため体も魂も稲からできていると考えられている。そのため稲は注意深く取り扱われ、農作業の儀式がまるで信仰体系のように発展している。稲が大きく育つよう、水不足にならないよう、種が泥棒や鳥・ネズミにとられないようにと、呪術儀礼が際限なく行われる。険しい山と深い渓谷に挟まれた島は、灌漑設備が必要だが、狭い土地しか持たない小農民は、水利組合の「スバッ」（または「スバック」）を組織して、同じ水源から均等に水を配分するようにしている。スバッは、小農民が水に困らないように保証し、よそ者に水を取られないように堰の番をし、もめごとをおさめ、共同で稲の祭りを催す。スバッには、投票で選ばれた長や助手がいて、会議を主催し、罰金・罰則を課し、収入役の役割もする。役員報酬がない代わりに、用水の割り当てを少し多くする。

　稲作の作業と平行して、水利組合の役員と司祭、それと数名のスバッの会員が遠征隊を組織し、村の上流にある神聖な水源に行く。その湖や泉の神々に供える供物を携え、そこの水を竹筒に入れて持ち帰る。その聖水を、村の寺院の祭壇に安置して、宴を催す。踊りを奉納し、香をたき、最後に田に聖水をふりまき、共同水路に残りの聖水を流して供物をささげる。また水利組合の会員が、お互いに水を盗まないように誓いを立て、大地の悪霊に供物を備えて、闘鶏を催す。

　田植えの季節になると、祭りとして雄牛のレースを開催するところもあった。田の用意ができると、最も大きく見事な穂から取られた種籾を二昼夜水に浸した後、莚の上にまいて、発芽するまで待つ。田の一角に苗代を設け、宗教暦の吉日に芽生えた籾をうつす。苗は約2ヶ月苗代で育てられ、十分な大きさになると、引き抜いて洗い、切りそろえて束ね、一晩空気に

9	5	6
4	1	2
8	3	7

図1-2　田植えの苗を植える順番

さらす。そして田の持ち主が最初の９本を自らの手で水田の一番山側の隅に植える。その順番は図1-2の通り。

　この９本を手始めに植えてから、残りの苗を水田全体に植える。その後の農作業は、雑草とりと水の補給に手をかけながら、害虫から稲を守るための供物、42日目のお祝いの供物を備える儀式を行う。

　３ヶ月たって穂がつき始めると、「稲が妊娠した」と表現して、臨月の女性がすっぱいものをほしがるさまを表し、稲にすっぱい果実と卵や花を供える。この時、椰子の葉で作った女性をかたどった像（チリ）に、男性性器をつけておき、「プス、プス、睾丸のあるこの女をごらんください」と呪文をとなえる。これは稲の妊娠を助けると考えられている。この時期、鳥やネズミなどを退治するため田の監視を怠らない。

　稲が熟すと、スバッの会員は収穫祭の準備をする。稲の寺院で闘鶏が催され、その翌日に稲田の静寂の日が宣言される。この日は誰も田に入ってはならず、供物が灌漑の取水口におかれ、悪霊の力を取り除く魔よけが田の四隅に立てられる。次に稲の母（ニニ・パントゥン）を作り、稲穂二束を男女になぞらえ、稲の夫婦を作る。二つの稲束を一緒にくくって枝に結びつけ、その枝と一緒に取水口の地面に刺す。こうしてようやく、稲刈りを始めても良いということになる。

　バリ島では、基本的に田植えや稲の手入れは男の仕事だが、収穫では女性と子供も手伝う。収穫が終わると、みんなは音楽に合わせて村の寺院まで行列を作ってお参りする。そこで飾り立てた稲束を寺守が清めるが、これを「母を連れ戻す」（ムンダ・ニニ）という。稲の母は倉の中にある神座の座布団に安置するが、ネズミに食べられるまで放置しておき、たとえ飢饉があっても、ニニの米を食べてはならない、とされている。

4. 観光人類学

　バリ島と言えば、観光地というイメージが強い。そこで、人類学でも、観光

が地元文化にどのような影響を及ぼすかという観点から研究した「観光人類学」が、近年多くなっているので、この分野の研究を中心に紹介する。

「観光人類学」は、人類学の中でも新しい学問分野である。山下晋司は、バリの伝統文化が、かならずしも観光客によって破壊されたのではなく、むしろ絶えず外部の影響を受けたことで、バリ文化が創造されたと指摘している。例えば、1920 年代から 30 年代にかけて、バリへは、ヨーロッパから年間 1,200 人から 3,000 人の観光客が訪れており、1930 年代中期には年間 3 万人もの観光客が訪れ、この時期、バリは文化復興の時代を迎えた（山下　1999：44-46、山下 1992：10）。

第 2 節でも触れたが、オランダのインドネシア統治政策は、慣習法重視の間接統治だった。オランダ政府はバリ慣習法を精査して法典を完成させたように、オランダ政府がバリ文化を重視した統治政策は、いわばオリエンタリスト [2] の政策であり、伝統文化の保護というより、単に効率的な植民地統治として間接統治を実施するために土着文化の理解を進めたに過ぎないものだった。しかしこのことが結果的に功を奏して、周囲をイスラム社会に囲まれた中で、わずかに残されたバリ・ヒンドゥーのエキゾチズムに誘われて多くの観光客が訪れた。

また、バリ文化に魅せられて、バリに移り住んだ芸術家もいた。その中に、画家でありながら音楽・舞踏にも詳しく、写真・映画の撮影もこなす芸術家のワルター・シューピスというドイツ人がいた。彼は、外交官の父の任地モスクワで生まれ、裕福な幼少期を送った。しかし第一次世界大戦が勃発して敵性外国人としてウラル（ロシア西部にある連邦管区）の強制キャンプに収容され、そこでタタール人やキルギス人などアジア系の人々と接し、アジアに関心を持つようになった。彼は 1923 年にジャワへきて、ジョグジャカルタの宮廷で音楽監督になった。しかし 1925 年にバリへ行くと、たちまちバリの魅力に取り憑か

---

(2)「オリエンタリスト」とは、狭い意味では東洋学者。サイードの『オリエンタリズム』以降は、西ヨーロッパで作られた東洋のイメージであると同時に支配の様式であったことを指摘している。

れ、その後 10 数年にわたって、現在でも人気の観光地ウブドのスタジオで絵画を描く仕事をした。彼は、バリの音楽・絵画・ダンスに大きな影響力を残したが、第二次世界大戦が始まると、敵国人としてオランダ政府に捕らえられ、1942 年にセイロン（現在のスリランカ）に移送される途中、日本軍による空爆で亡くなった（倉沢・吉原　2009：20）。

　1889 年にパリ万国博覧会に出展されたジャワとバリのガムラン音楽が、作曲家ドビュッシーに影響を与えたように、1931 年にパリ植民地博覧会で出展されたバリ演劇は、シュールリアリストの演出家に大きな影響を与えた（山下 1992：15）。この時期、ダリやピカソがアフリカの仮面や彫刻から影響を受けたり、ゴーギャンがタヒチに行って絵画を描いたりするなど、ヨーロッパは「未開芸術」に深く関心を寄せる時代でもあった。

　シューピスがバリに残した仕事で最も重要なのは、バリ芸能として有名なケチャ・ダンスを創作したことだ。彼は、前に紹介したサンギャンの儀礼に大変関心を示した。特にダンスの男性コーラスに感銘を受け、映画『悪霊の島』の音楽に使った。そしてインドの古典『ラーマーヤナ』のストーリーである、シータ姫を救い出すラーマ王子を手助けするサル軍団を演じる男たちによって合唱するケチャ・ダンスを創作した。観光客の間では「モンキーダンス」として有名になり、今日まで上演され続けている（山下　1992：16）。

　もう一つ、バリ島の芸能といえばバロン劇が有名である。これはインドの古典『マハーバーラタ』の物語を基礎に編成されたもので、今日上演されている 1 時間バージョンが 1930 年代に作られた。それまでのバロン劇は、長時間な上に踊り手がトランス状態で小道具の剣を胸や喉に突き刺して荒れ狂い、時には血を流すこともあった。その上演を見た外国人観光客が卒倒するなどして不評だったので、観光客用に短時間でシンプルなものに編成された。このバロンとは、男・若者・善・太陽・薬・動物の化身で、悪の解毒剤となる。それに対抗するランダは、人を取り込んで食べる性格から、鬼子母神のバリ化した姿だと言われ、女・年寄り・悪・夜・病・人間の魔物で「左」の魔術を使う。この両者は決して善悪の対極にあるのではなく、善であると同時に悪でもある両義

性を持つものである（河野・中村　1994：82-83）。

　バリ島観光は、オランダ植民地政府が間接統治の政策を取った頃に始まる。オランダ政府は王族や貴族を統治機構に取り込む一方で、1932年に博物館を設立して伝統文化の記録・保存に努めた。オランダ政府がバリ島民の生活そのものを博物館の展示にしようとした政策は、現在でも「伝統文化」を売り物にする観光開発に継承されている（吉田　1992：172-173）。また海外で「伝統的」「バリ的」と受け取られている芸能が、観光客に上演するために改編された。更には、ケチャ・ダンスのように、外国人の手によって作られたものもある。

　確かに、観光客に見せるために、伝統的な芸能に手を加えているが、これによって、「忘れられていた」芸能が発掘されて演じられるようになったり、儀礼の見世物としての要素を増幅したりして、アトラクションがますます派手になっている。またかつては王宮でしか見られなかった彫刻が、村でも見られるようになり、誰もが内職でみやげ物を作るため「にわか彫刻師」になっている。バリ島の総収入の約1割が観光収入によって得られているので、こうして潤ったお金が儀礼の費用にまわされて、さらに祭りの壮麗化をうながしている。そして観光がバリ人に文化的アイデンティティを自覚させる状況を生んでいる（吉田　1992：174-175）。

　1991年にバリ州政令で「文化観光」が「ヒンドゥー教に基礎づけられた地方文化」にあるとして、観光資源に位置付けられた。今日のバリ島で観光対象とされているのは、ブサキ、タナ・ロット、ティルタ・ウンプルなどのバリ・ヒンドゥーの寺院群、ゴア・ガジャなどの聖地、ケチャ・バロン・ダンスなどの儀礼起源の芸能、村・寺・家庭で行われるヒンドゥー教の儀礼や祭りである。それに加えて「観光村」が、新しい観光名所として作られた（図1-3）。これは、人工的に観光用として作ったものではなく、普通の村を観光村に指定したもので、観光客をホームステイさせて、その村の日常生活を「総合的」に披露しようとするプランであった。政府観光局は1990年から1992年にかけて調査チームを作り、観光のマスタープランを検討して、バリ州の3つの村を「総合観光村」に指定した（山下・鏡味　1995：100, 106）。

図1-3　バリ島観光村 (山下・鏡味　1995：100)

　ジャティルイは棚田が美しい村で、自然や稲作にまつわる文化が観光の対象
になっている。スバトゥは木彫りの工芸品が有名な村で、グヌン・カウィとい
う古いヒンドゥー寺院がある。プンリプランは、家屋が整然と並び、伝統的な
村の景観が観光資源で、村の入り口で入村料を払い、民族衣装を着た村人が案
内する。この観光村を訪れた山下晋司と鏡味治也の両氏は、「観光開発が手探
りの状態ではあるが、新しいタイプの文化観光」として、このプロジェクトを
紹介している (山下・鏡味　1995)。

お わ り に

　バリ島は、エキゾチックで多くの観光客を惹きつけている。外部からの観光
客が、伝統文化と調和し、また古くからの伝統を守るだけでなく、外からの影
響を積極的に取り込みながら「伝統の創造」を起こしている点が、人類学的に
見ても興味深い。

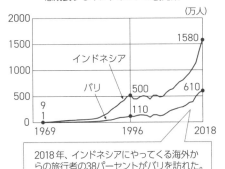

急成長するインドネシアの観光業

（万人）

- インドネシア 1580
- バリ 500 610
- 9 1 110
- 1969 1996 2018

2018年、インドネシアにやってくる海外からの旅行者の38パーセントがバリを訪れた。

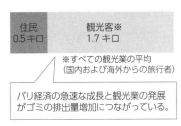

1日あたりのゴミの排出量

| 住民 0.5キロ | 観光客※ 1.7キロ |

※すべての観光業の平均
（国内および海外からの旅行者）

バリ経済の急速な成長と観光業の発展がゴミの排出量増加につながっている。

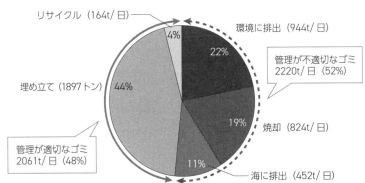

ゴミの管理

リサイクル（164t/日）
4%

環境に排出（944t/日）
22%

管理が不適切なゴミ
2220t/日（52%）

埋め立て（1897トン）
44%

焼却（824t/日）
19%

管理が適切なゴミ
2061t/日（48%）

11%

海に排出（452t/日）

バリで出るゴミのうち、リサイクルや埋め立てなどの管理がなされているものは半分に過ぎない。その結果、毎年3万3000トンのプラスチックゴミが海に排出されている。

図1-4　急成長するインドネシアの観光業

（https://natgeo.nikkeibp.co.jp/atcl/gallery/101600708/index.html?P=8　2021.9.25 アクセスより作成）

　しかし、オーバーツーリズムにより、地元住民よりも観光客が捨てるゴミに悩まされ、肝心の観光資源である美しい自然が損なわれていた（図1-4）。バリ島が抱えるプラスチックゴミ問題に着目した子供たちは、クラスメートたちと

SNSで仲間を募り、署名活動を展開して「2018年までにレジ袋を廃止する」という州知事の合意を取り付けた[(3)]。現金経済を追い求めた結果、バリ島は環境破壊とゴミ問題に苦しめられ、そこに若い世代が危機感を持ち、SNSを駆使した社会運動を生み出しており、バリ島の中にも新しい風が吹き始めている。

【参 考 文 献】

伊藤　俊治　2002　『バリ島芸術をつくった男――ヴァルター・シュピースの魔術的人生』平凡社。

岩原　紘伊　2020　『村落エコツーリズムをつくる人びと――バリの観光開発と生活をめぐる民族誌』　風響社。

ヴィッカーズ，エイドリアン　2000　『演出された「楽園」――バリ島の光と影』　中谷文美訳　新曜社。

鏡味　治也　2004　『バリ島の小さな村で』　洋泉社。

ギアツ，クリフォード　1987　『文化の解釈学』ⅠⅡ　吉田禎吾他訳　岩波書店。

ギアツ，クリフォード・ギアツ，ヒルドレッド　1989　『バリの親族体系』吉田禎吾・鏡味治也訳　みすず書房。

ギアツ，クリフォード　1990　『ヌガラ――19世紀バリの劇場国家』　小泉潤二訳　みすず書房。

ギアツ，クリフォード　2002　『解釈人類学と反＝反相対主義』　小泉潤二訳　みすず書房。

倉沢　愛子・吉原　直樹編　2009　『変わるバリ変わらないバリ』　勉強出版。

コバルビアス，ミゲル　1991　『バリ島』　関本紀美子訳　平凡社。

鈴木　政平　1999　『日本占領下バリ島からの報告――東南アジアでの教育政策』　草思社。

東海　晴美他　1990　『踊る島バリ――聞き書き・バリ島のガムラン奏者と踊り手たち』　ＰＡＲＣＯ出版。

中谷　文美　2003　『「女の仕事」のエスノグラフィ――バリ島の布・儀礼・ジェンダー』　世界思想社。

永渕　康之　1998　『バリ島』　講談社。

山下　晋司　1992　「「劇場国家」から「旅行者の楽園へ」――20世紀バリにおける『芸術－

---

(3)「プラごみ問題に立ち向かう！バリ島のティーネイジャー」https://lessplasticlife.com/news/teenager_working_for_plastic_pollution_in_bali/　2021.9.25アクセス

文化システム』としての観光」『国立民族学博物館研究報告』17 巻 1 号　pp.1-33。

山下　晋司・鏡味　治也　1995　「バリ島プンリプラン村観光開発の最前線」『季刊　民族学』19 巻 3 号 pp.100-107。

吉田　竹也　2005　『バリ宗教と人類学——解釈学的認識の冒険』　風媒社。

吉田　禎吾　1992　『バリ島民——祭りと花のコスモロジー』　弘文堂。

吉田　禎吾監修　河野　亮仙・中村　潔編　1994　『神々の島バリ——バリ＝ヒンドゥーの儀礼と芸能』　春秋社。

田村　史子・吉田　禎吾　1986（初版 1984）『祭りと芸能の島バリ』　音楽之友社。

渡部　赫他　1996　『バリ島　楽園紀行』　新潮社。

ナバホ族

～ネイティブ・アメリカンの歴史と宗教～

はじめに

　アメリカ先住民は、かつて「インディアン」と言われ、現在は「ネイティブ・アメリカン（Native American）」と呼ばれている。そもそも「インディアン」という呼称は、1492年にコロンブスがアメリカ大陸へ到達した時、そこをインドと勘違いして、先住民を「インド人」という意味の「インディアン」と呼んだことに由来している。最近の出版物や論文でも「インディアン」という名称を使うものもあるが、インターネットのニュースなどでは、通常「ネイティブ・アメリカン」が使われている。ネイティブ・アメリカンは、戦後、アメリカの西部劇映画で白人開拓民を襲う野蛮人というイメージがあったが、近年は、自然に溶け込んで生きる側面が強調され、エコロジーのシンボルとして描かれてもいる。

　また、日本でも流行している、棒の先に小さな網を使ってボールをパスしながらゴールに投げ入れて点数を競い合うラクロスというスポーツは、もともとネイティブ・アメリカンの女性たちの遊びだった。他にも、日本で静かなブームになっているものに、ネイティブ・アメリカンの装飾品がある。インターネットで「インディアン」または「ネイティブ・アメリカン」で検索すると、羽などのモチーフがあしらわれたり、ターコイズやシルバーを使ったりした装飾品の販売サイトをたくさん見つけることができる。

　本章で扱うナバホ族は、ネイティブ・アメリカン・ジュエリーや織物などで、日本でもある程度知名度のある民族である。以前、筆者はアメリカのニューヨークでネイティブ・アメリカン博物館を訪れたことがあるが、土産品

売り場の30％近くがナバホ族の民芸品で占められていて驚いた。ナバホ族は、ネイティブ・アメリカンの中でも、人口が約33万人（2010年調査）と全体の1割以上を占め、コミュニティカレッジまで有するなど、自分たちの伝統的な文化の伝承に熱心な民族である。本章では、猪熊博行と河合隼雄の研究を中心にナバホ族を紹介する。その前に、ネイティブ・アメリカンの概説を簡単に説明しよう。

1. ネイティブ・アメリカンの移住と分布

　近年、北米大陸の先住民とアジア系の諸民族のDNA配列中の9ヶ所をコンピュータ解析した結果、1万4千年前にアジアから北米大陸に渡ってきたネイティブ・アメリカンの祖先は70人だったという説が発表された（Hey 2005）。この推論は、考古学的証拠からも矛盾しないという。ベーリング海峡を渡ったアジア系の民族は、北アメリカ大陸を南下しながら、様々な環境に適応して分化を続け、南アメリカ大陸まで移動していった（図2-1、2-2）。

　ネイティブ・アメリカンの歴史は、次の5期に分けられる（岡田　1969：77-80）。

　第一期は植民時代の1607年から1775年で、白人による支配はアパラチア山脈に到達した。一時期、白人入植者たちは先住民を独立の民族として、条約に基づき宥和政策を取っていたが、徐々に征服政策へと転換された。この時期の終わりに、イギリスがスペイン・フランスを抑えて優位に立ったので、北部・中部・南部に監督官を置き、先住民との交渉に当たった。

　第二期は1776年から1845年で、ミシシッピー川以東が白人の支配下に入り、この地域の先住民が移住を迫られた時期である。東部の先住民は、土地売却を迫られ、移住先として用意された西部の土地に強制移住させられた。これとは対照的に西部の先住民には、友好的な態度で接する政策が取られた。これはイギリスがフランスやスペインを抑えて西部の交易を独占するために、先住民の力を必要としたからである。この時期の先住民統治は、イギリス本国の行政制

イーヤク—

トリンギット—

ハイダ—

クーテニー—
ウォキャッシ—

（この中に散在）

ホカン—
（この中に散在）

タノア—
ズニ—

ホカン

アサバスカン

アルゴンキン

スー

カド

ユト・アズテク
語族

カイオワ
アサパスカシ

ユト・アズテク語族

カド

ツーニカ

マスコギ—

イロコイ—

ナッチェス

北アメリカ・インディアンの6大語族圏
とその県内言語（サビアによる）

エスキモー・アレウト語族
ナデネ大語族
アルゴンキン・ウォキャシ大語族
アズテク・タノア大語族
ペヌート大語族
ホカン・スー大語族

図 2-1　移動経路

（青木　1979：13, 45）

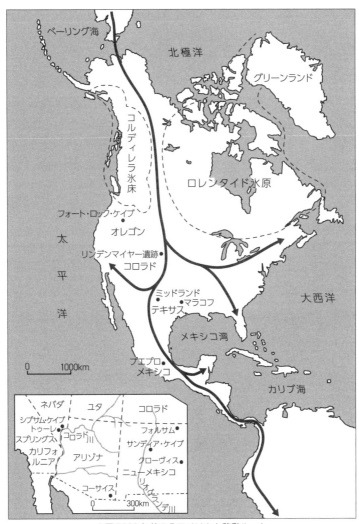

2万5000年前の北アメリカと移動ルート

図2-2　分布

（青木　1979：13, 45）

度を踏襲したが、1789年に軍事省が創設されると、そこに業務が移され、1824年になって同省にインディアン局が設置、さらに1832年にインディアン保護局に改組されて現在のインディアン局の基礎が築かれた。

第三期は1846年から1868年で、白人による支配が太平洋岸に達し、西部の先住民が用意された保護地域に移動することに同意した時期である。1843年と1853年に南西部の領土をスペインから獲得し、アメリカが1849年にカリフォルニア、1851年に北西海岸の領有を宣言し、ほぼ今日の合衆国の領土が確定した。南北戦争（1861-1865年）の時に、先住民のため残すと考えられていた地域も、新たな州に編入したため、南北戦争の後、退役軍人が開拓地を求めて西部に殺到した。この時期、まだ先住民は独立の民族とみなされていたが、土地譲渡契約を強制的に結ばされて、それまでの居住地から追い出されることが繰り返された。

第四期は1869年から1921年で、合衆国のインディアン保護政策が強化された。1871年に先住民との間に取り交わした条約は破棄され、先住民は合衆国政府の援助で生活する従属者になった[1]。この時期、先住民は最後の抵抗を試みたり、それさえあきらめてゴースト・ダンス（死者をよみがえらせる新興宗教）が流行したりした。合衆国政府は、保護地域に寄宿学校を建て、先住民に同化政策を強制した。土地を奪われた先住民へ再度土地を分け与えて保護するためのドース法（1887年）を施行したが、その実行性はなく、保護政策は失敗に終わった。

第五期は1922年から1945年で、先住民政策の再検討が行われた時期である。1924年に先住民は合衆国議会からアメリカの市民権利を承認され、1934年にインディアン再組織法が制定された。先住民の青年たちは第二次世界大戦に徴兵され、軍隊生活を通じて居留地以外での生活に接したので、これによって同化が進み、居留地を出て行く人たちが増えた。

---

(1) 1871年までは、インディアンはアメリカ合衆国の市民権を与えられず、当時の13州の域外に生活し、彼らとの交渉は国家間の交渉手段である条約を通じて行われていた（藤田　2014：44）。

2. ナバホ族の歴史

　ナバホ族の居留地である「ナバホ・ネーション」は、主にアリゾナ州の北東部にあり、一部はニューメキシコ州、ユタ州にまたがっている。ナバホ族の約三分の一が暮らし、ネイティブ・アメリカンの居住地として最大の人口を擁する。ちなみに西部劇の名作、ジョン・フォード監督の「幌馬車」(1950 年制作)という映画は、このナバホ・ネーションの協力で作成された。この映画の中の「インディアン」は、すべてナバホ族が出演している。

　猪熊博行はもともとエンジニアだったが、ナバホ族に魅せられ、1999 年に日本の会社を退職してからアメリカのニューメキシコ大学の人類学部に留学し、それからナバホ族が運営するディッネ・カレッジに在籍してナバホ族の歴史や文化を学び、その成果を『風の民——ナバホ・インディアンの世界』にまとめ、ナバホ族の視点から、ディッネ・カレッジでの授業の様子や、そこに住んで見聞したナバホ文化を記述している。

　この本は、アメリカの人類学者が書いたナバホ族の民族誌と異なり、白人がナバホ族に対して行った迫害を、ナバホ族の視点で明らかにしている。例えば、アメリカ人類学者のエルマン・サーヴィスの記述と比較すると、その差は歴然としている。サーヴィスは、1846 年にアメリカ合衆国の管轄下に入ったナバホ領で、カールトン陸軍大佐が家畜を殺し、畑を焼き、果樹を切り倒して生計の源を断つ戦略で制圧し、半分近くの人々を捕虜としてサムナー砦まで連行し、4 年間幽閉したと記述している。この強制移住のことを「ロング・ウォーク」と呼び、ナバホ族の歴史では極めて重要な出来事として語り継がれているが、この記述では、ナバホ族が合衆国に反乱を起こしたため制圧されたように読める(サーヴィス　1991：126-127)。

　この見解と対照的に、猪熊は次のように記述している(猪熊　2003：50-52)。

　　19 世紀中ごろ、南北戦争がおこり、ニューメキシコは南北軍のどちらにも属

していませんでした。北軍はカールトンという男を送り込んできましたが、ま
もなく南軍が劣勢となり、カールトンとその軍隊は失業しました。そこでカー
ルトンは「アメリカに反抗的なインディアンを徹底的にこらしめよう」と思い
つき、1863年に一切の和平提案を拒否して、ニューメキシコ州の東にあるサム
ナー砦に強制移住を命じました。750キロメートルの道のりを36日間かけて歩
き、この行軍中、老人や子供200人が亡くなり、ナバホ族1万1千人、アパッ
チ族450人が到着しました。カールトンは、砦の北に広がる湿地帯を開墾させ
ましたが、川の水は塩分を含み、根切り虫が発生して農業はことごとく失敗し
ました。どうもカールトンがナバホ族を追い出したのは、彼らの居住地に金鉱
脈があることを期待したらしいのです。中央政府がこの状況を知って調査団を
派遣したのですが、「幽閉者の生活を正常に維持するには、コストがかかりす
ぎ、目的が不明確だ」という理由で中止を勧告しました。さらにカールトンの
越権行為を痛烈に批判したので、彼は軍隊から解任のうえ追放されました。そ
こで、幽閉されていたナバホ族は帰郷が許されましたが、彼らが強制移住させ
られた後、周辺部族がナバホ族の馬と羊を略奪したので、彼らが帰郷したとき
には、生活基盤がなくなっていました。この理不尽な扱いに対してナバホ族が
合衆国政府から受けた補償は、1人につきわずか2頭の羊を支給されたにすぎま
せんでした。

　さらに猪熊は、このロング・ウォークだけでなく、それに続く1930年代の
「羊と山羊の殺戮」にも言及している。1920年代、南カリフォルニアのインペ
リアル・バレーは、コロラド川の氾濫に悩まされ、人口が増加していたロサン
ジェルス市は渇水期に水不足で困っていた。そこで両者を一気に解決するフー
バー・ダムを1931年に着工した。この一つのダムで、日本の総貯水量の80％
に匹敵するほどの巨大ダムだった。コロラド川の通るネヴァダ州は、ギャンブ
ルを公認してラス・ベガスを作ったが、それはダムの工事費を捻出するため
だった。
　この工事の最中に、技術者がコロラド川は土砂の混入が多く、土砂の流出源
はナバホ居留地であると難癖をつけた。この時期、コロラド川上流では、羊が

荒野の草を食べつくし、土壌の固着性が弱まっていた。そこでカリフォルニアとネヴァダの住民が「ナバホ居留地は公共の敵だ」と騒ぎ始めた。ついにインディアン管理局はナバホ族に家畜削減を命じた。その結果、羊と山羊などの家畜は10万頭単位で処分されたにもかかわらず、1942年以降は、その補償も打ち切られた。累計で57％の家畜が殺戮され、1936年に家畜で生計を立てていたナバホ族の割合が55％、賃労働が35％であったのに対し、1958年には前者が10％、後者が68％、そして新たに失業手当や年金で生活する者が16％になってしまった。ナバホ族は、家畜殺戮によって自立の道を奪われたにもかかわらず、今度は「アメリカ政府の予算におぶさる」厄介者の荷物とみなされるようになった（猪熊 2003：53-56）。サーヴィスの、「1930年代なかごろ、ニュー・ディール政策がはじまってから、ナバホ族の理解の援助のための、より同情的な試みがなされていた」（サーヴィス 1991：127）記述と比較すると、両者は正反対なのが分かる。

　また猪熊は、「ウインドトーカーズ（Windtalkers）」（ジョン・ウー監督、2002年制作）という題で日本でも公開された映画を題材に、太平洋戦争に暗号要員として徴兵されたナバホ族の通信兵について分析している。当時ナバホ語をコード化して軍事暗号とするように考案した、フィリップ・ジョンストンというナバホ族に布教をしていた牧師の息子の存在があった。彼は、生まれ育った環境の影響から、ナバホ族をよく知っていた。彼は学校で電気工学を専攻し、第一次大戦にも参戦していたため、戦時中にチョクトー・インディアン[2]の言葉を電信の暗号に使ったことを知っていた。彼は、ナバホ族であれば、英語を解する人も多いので使いやすく、暗号化して使うならば解読しにくいと考え、カリフォルニアの海軍に提案した。1942年3月、ジョンストンは簡単に訓練した4人のナバホ族を伴い、ワシントンの海軍大将のもとに出向き、当時の通信技術で30分かかる暗号処理を20秒でこなしてみせたので、この方法が採用され、ナバホ族の若者450人が訓練され、ソロモン諸島・サイパン・硫黄島・沖縄の

---

(2) アメリカ南東部のネイティブ・アメリカンの部族。

作戦に投入された。彼らの交信は、きわめて正確だったという。猪熊は、暗号作戦に動員されて成功した要因の一つに、ナバホ族は書き言葉がなかったため、聞いたことを暗記する能力が高かったのではないかと付け加えている。

　ナバホ語の暗号には日本軍も気が付き、捕虜になったナバホの兵士を拷問して暗号を解読しようとしたが、最後まで暗号は解けなかった。ナバホ族の通信兵たちは、戦後も自分たちが暗号要員だったことを家族にさえ秘密にしていた。それは、戦後もナバホ語が暗号として使われたからだった。例えば、広島の原爆投下の影響を調べるため、アメリカの医師団が派遣されて、被害状況を本国に報告したが、その一部にナバホ語の暗号が使われた。その後の朝鮮戦争やベトナム戦争でも、一部の暗号に使われ続けた。ナバホ語を暗号として使用していたことが表に出たのは、アメリカ軍がベトナムから撤退し、インターネットの普及で、ナバホ語を暗号に使わなくなってからだった。そしてこの事実はニクソン大統領が公表し、ナバホ族に感謝を示し、1982年にレーガン大統領が8月14日にナショナル・コード・トーカー・デーを宣言し、2001年に栄誉をたたえて連邦議会で表彰した。猪熊は、映画「ウインドトーカーズ」によって、若者がナバホ語に誇りを持つことで、ナバホ語の衰退に歯止めをかける効果があるのではないかと地元で期待されていると書いている（猪熊　2003：184-187）。

■　3．ナバホ族の世界観　■

　精神分析学者である河合隼雄の著作『ナバホへの旅——たましいの風景』は、ＮＨＫの企画で、彼がナバホのシャーマンである「メディスンマン」と対話し、伝統医学と精神分析を比較した番組をもとに執筆された。河合がアメリカ先住民に関心を持ったきっかけは、1959年から61年のアメリカのカリフォルニア大学ロサンジェルス校への留学経験だった。河合の指導教授クロッパー博士は、ロールシャッハ・テストの大家として、当時「アパッチ・インディアン」研究に参加し、河合はその研究助手を務めた。ロールシャッハ・テスト

は、インクのしみのような図像を「何に見えるか」と尋ね、それにより人間の深層心理を測定するテストとして知られる。最初の研究はアパッチ族のメディスンマンで、その結果を河合が分析した。当時のアメリカでは、文化人類学者でも精神医学者でも、メディスンマンを精神分裂症やヒステリー等、精神的に病的な側面を持つ人だと考えていた。それに対し、河合は1人のメディスンマンにも直接接触しなかったが、ロールシャッハのテスト結果からメディスンマンを人間性豊かで能力の高い人だと判断し、その結果をクロッパー教授と連名の論文で発表した。その後、1995年にアメリカのプリンストン大学で2ヶ月間日本神話の講義をした時、偶然、受講生にナバホ族の学生がいて、彼が日本とナバホ族の神話を比較して発表したため、その時から河合はナバホ族を訪ねたいと思うようになった（河合 2002：10-11）。

　河合はナバホ族の神話に関心を持った理由を、次のように説明している。近代の科学・技術は、その対象とする現象と人間とを切り離すことが前提で、それによって誰にでも通用する普遍的な理論や方法が得られると考える。これは人間が外界を支配し、操作する上で必要なことだが、人間が自分と関係ある現象に向き合う時は無力である。近代科学は月へロケットを発射する時に有用だが、十五夜の名月を家族と鑑賞して、お互いの感想を語る時は、月で餅をつくウサギの話の方がぴったりくる。しかし、科学技術の発展した今日、「ウサギが餅つきをする月」を否定したので、現代人の多くは「関係喪失」の病に苦しみ、孤独に苦しんでいるのではないか、と河合は問いかけた。そして哲学者の中村雄二郎の著作から、「私たち人間には現実の生活のなかでは見えにくく感じにくくなったものへの、宇宙秩序への郷愁があるからである」という言葉を引用している。河合は臨床心理学の専門家として現代人の「関係回復」を助けるため「神話の知」が必要だと考え、神話の力がまだ生きているナバホ族に関心を持ったと述べている（河合 2002：13-15）。

　ナバホ族は、次のような創世神話を持っている（猪熊 2003：32-35）。光り輝く強大な霧がただよい、聖なる風が住んでいた。聖なる風は、話をし、動くことができ、全知全能で宇宙の守護者だった。風は、自分とともにあるべき聖な

る人々を作ろうと考え、話す大精霊・呼ぶ大精霊・黒い大精霊を作った。彼らは聖なる風を助けて世界を作った。そして世界に4つの方位を与え、聖なる風はこう言った。「この方位はやがてこの世界に生まれてくるものの、道しるべになるだろう。」4方向とは次の通りである。

東	ホワイト・シェル山	「夜明けの白」	知
南	ターコイス山	「昼間の青」	体
西	アバロン山	「夕暮れの黄」	情
北	黒曜石山	「夜の黒」	精神、休息の時間

　河合はメディスンマンに直接会って、彼らの様子を次のように記述している。メディスンマンのところに、色々な問題をかかえた依頼者がやって来る。この時メディスンマンは、依頼者と自分の感情を同調させて「聖なる人（holy person）」を招き、その力で依頼者の問題を解決してもらう。メディスンマンは、訓練の結果「変性意識」状態、つまり一種のトランス状態になることができる。精神病者は、日常と非日常が交差して現実認識が混乱してしまうが、メディスンマンは訓練を積むことで、必要な現実意識を保っているので、平常心を失わない。近年、心理学でも「変性意識」が解明されたので、メディスンマンの評価も変わってきた（河合　2002：76-77）。

　メディスンマンになるためには、心霊に関心を持つ人が、子供の時から30-40年かけて修行する。訓練方法は、水晶玉・火・とうもろこしの花粉・砂絵などを使うが、その人の師匠が何を好んで使うかによって異なる（河合　2002：83-84）。

　メディスンマンは、シャーマン（巫者）というより、プリースト（僧侶）に近い。いわゆる憑きものを通じて感情移入した治療をするのではなく、経典のように様式化された呪文を精霊にささげて願いを聞いてもらう。チャントは読経で、ラトルは木魚に相当する。メディスンマンが依頼者に投げかける言葉が伝わるように、プレイヤー・スティック（棒状のもの）や水晶を持ち、基本的な道具はひも状のメディスン・バンドル（ジュジュ）と、東西南北の山に登って採取した土を鹿皮の袋に入れたもので、ナバホ語を精霊に翻訳する役割があるお

守りのようなものである。メディスンマンは、精霊に信頼されるように品行方正な態度が求められ、チャントの歌詞や砂絵の儀式を暗記する必要がある（猪熊　2003：122-123）。

　河合の著作では、メディスンマンの治療の背景にあるナバホ族の世界観や、治療儀礼について詳しくは書かれていないので、この点を、他の資料から補っておく（ピアス　1992：170-172）。ナバホ族は、環境調和が乱されるため病気になると信じている。病因として、環境との適切な関係を乱すこと、「聖なる人たち」を敬わないこと、自らの精神や肉体を危険にさらすこと、儀式の習慣を守らないことなどを挙げている。病気の回復は、ホゾーと呼ばれる調和の状態を取り戻す儀礼の効果によると考えている。調和が回復されると、病気も自然に治る。ナバホ族の儀礼は、高度に複雑な神話体系に基づき、「祝福の歌」が物語るような起源にまつわる共通神話から、個別の儀礼の起源を説くような伝説が派生する。これらの伝説は、「聖なる人たち」との交わりで人類に恩恵をもたらす儀礼を授かった神話のヒーローやヒロインの冒険談である。

　メディスンマンは、ナバホ族の世界観や生活環境を可視化するために、そのイメージを砂絵で表現して治療を行う。砂絵を表すナバホ語は、「イカー」といい、聖なる人たちが出入りする場所となる。砂絵による治療は、次の4段階を踏む。

① 　聖なる人たちを招き、称賛する。
② 　砂絵は病人と聖なる人たちの治癒力が出逢う通路になる。人間と「聖なる人」が出会う道は、病人が砂絵に乗る、つまり感情移入した時点で出現する。病気をもたらす悪を、砂絵に描かれた「聖なる人たち」の治癒力に置き換える。
③ 　超自然が描かれた砂絵で、病人は超自然と一体になる。病人が砂絵の前に座っている間、歌い手は、祈り・歌・動作で、病人の体の各位と聖なる人々の体を結びつけようとする。こうして病人は超自然的存在と一体化することで、「聖なる人たち」の霊力が授けられる。
④ 　砂絵により出現する超自然的世界を見せることで、病人と超自然との演劇

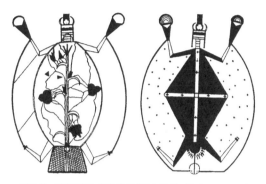

図2-3 「美の道」の砂絵の天父と地母 (久武 1989：63)

的交流を可能にし、病人と「聖なる人たち」との正しい関係を回復する。

砂絵は、生命力があると信じられている。完成した砂絵にキーターン（祈祷用装飾枝）が置かれると、歌い手はトウモロコシをまいて砂絵を聖化して癒しの祝福を受けると、即座にしき

たりに従って壊される。それは、ちょうどチベットのラマ教で色砂のマンダラが完成と同時に壊されるのと同じで、パワーのあるものは、完成し儀式が完遂した時点で、急いで取り除かなくては危ないと考えられているからだ。ナバホ族の砂絵は、土産として多く売られているが、これは儀式用とは異なっている。土産の砂絵は「偽物」だと言えるように、必ず色やデザインの一ヶ所を変えておくのだという（猪熊　2003：72）。

　実際の砂絵は、非常に美しい。ナバホ族は天を父、地を母と考え、天父と地母は上記の４つの聖なる山を介して結ばれると考えられている。「祝福の道」や「美の道」の儀礼では、第一日目に地母、第二日目に天父が描かれ、聖なる山は地母の身体臓器を形作っている（図2-3）。実際の砂絵はカラフルで、それぞれの色は、前述した神話で意味付けられている。

　猪熊は、ナバホ・ネーション（準自治区）でソーシャル・ワーカーが開講している社会福祉学を受講し、ナバホ族が直面している悩みと原因と対策について、次のように問題提起している。アメリカでは、ネットや広告などでネイティブ・アメリカンが持つ自然との共存などの伝統的価値観を「インディアン

の高邁な思想」ともてはやしているのに、実生活では、ナバホ族の伝統文化と白人文化との狭間で苦しみ、貧困、アルコール、自殺、犯罪などの殺伐とした問題には目を向けていないという（猪熊　2003：274）。

　河合は、ナバホ族がメディスンマンの伝統医療でアルコール依存症に有効な治療効果を上げていることに注目している。「アルコール依存症の問題は、宗教性にある」とは、著名な臨床心理学者ユングの言葉だが、河合は「宗教性」を人間存在についての根源的な問いに答える努力だと解釈している。

　1992年9月に、ニューメキシコ州のギャラップ市でNCI（Na' zizhoozhi Center Inc.）が設立された。これはナバホ・ネーション、ギャラップ市、ズニ・プエブロ、マッキンレイ郡の4団体が委員会を設立し、アルコール依存症を治療する団体である。NCIは、ナバホの伝統的医療法を活用しており、それに西洋流のカウンセリングや家族療法などの技法を適宜取り入れている。

　河合は、そこで働くメディスンマンからNCIの治療成功率が75％を超えていると告げられて驚いた。その治療法は、ナバホ族の文化背景と密接な関係がある。NCIができるまで、アルコール依存症のナバホ族は住むところもなく、街にたむろし、住民から嫌われて追い払われて「非人間的」な扱いを受けていた。そこで1995年から少数のカウンセラーが西洋流の心理療法を始めたが、そもそも大多数のナバホ族は英語がよく分からなかったので、うまくいかなかった。そこでナバホ語によるナバホ族の治療方法で解決しようとした。

　ナバホ族にとって重要なのはクラン・システム（氏族制度）で[3]、彼らは神話的祖先を共通にする集団を「K'e」（ケ）と呼ぶ。アルコール依存症の人たちの大半は孤独なので、祖先を共通にする血縁者の一員（クランの成員）に彼らを位置付けてあげることで安心感を与えている。また、一族意識を持たせるために、古くからの祖先の教えを説き、ナバホ族の人間としての自覚を持たせる。

---

(3)　ヌエル族のところで出てくる「リネージ」は、実際に血縁関係がある集団を意味するが、「クラン」は実際の血縁関係ではなく、ここにある「神話的」なつながりで一族意識を持つので、リネージよりも広い範囲を含んでいる。

ＮＣＩのスタッフたちは、入所者を患者と呼ばず、「親戚（relatives）」と呼ぶので、ＮＣＩの職員全体が、徐々に大家族のような感情が芽生え、入所者は施設の暮らしを伝統的なナバホの家に住んでいると感じるようになる。

　この施設で治療に参加しているメディスンマンの説明によると、そこではあえて禁酒を目標とせず、その人のクランを通じてアイデンティティを持たせ、安心できる場所の提供を第一義としたという。アルコール依存症のナバホ族は、自分のアイデンティティが明らかになると、徐々に孤独感にさいなまれることも少なくなり、自然と飲酒量が減るようになってくる。1990年前後には警察に保護されて施設に来る人は年間4万人で、凍死者も12、3人いたが、1997年には収容者が1万7千人にまで減少した（河合　2002：126-136）。

　ここで出てくるクランを、もうすこし別の事例で説明しよう。ナバホ族は母系クランの制度を持っている。クランは日本語で「氏族」と訳され、血縁集団を指す。ナバホ族は一族の系譜を母方からたどり、「外婚制」を伴っている。外婚制には、同じクランの男女が結婚できないタブーがあるので、結婚相手は、必ず異なるクランから求めなければならない。ナバホ族は21グループ、80のクランがある。ナバホ族は、周辺民族を統合しながら形成された複合民族で、クランの名称も、祖先が出会った場所や、昔彼らが作っていたものから命名した。同じクランの男女は、現在でも結婚できないことになっているため、そのタブーを破り、周囲の反対を押し切って同じクラン同士の男女が結婚したケースもあるが、こうしたカップルは、やはり周囲から好ましいとは見られていない（猪熊　2003：102-105）。

　河合はメディスンマンに「親戚」として患者と接することについて、さらに質問を続けている。クランから捨てられ、身内がどこにいるか分からない場合はどうするのかと聞くと、ある若い女性が施設に来た時、彼女のクランが彼（メディスンマン）の祖母のクランだったのでメディスンマンは「あなたは私の孫娘だ」と告げ、彼らは「親戚」になったという。この時の応答で、メディスンマンは、たとえホームレスでも、尋ねてゆくと必ず「親戚」があり、本当のホームレスはないと強調したという。また河合が、患者を「親戚」として扱う

と親戚が多くなりすぎて彼らの間で嫉妬が起きないか、と聞いたところ「クラン・システムとクラン内の関係は、尊敬のうちになされているので、そんなことは起こりえない」という答えが返ってきた（河合　2002：135）。

クラン・システムは、一族としてのアイデンティティを持ち、人類学の理論では、先に挙げた婚姻規制の側面から説明されるが、アルコール依存症の治療に応用される人間関係の改善方法として有効に機能している。

おわりに

本章の参考文献にあるように、ナバホ族に関して多くの日本語の資料がある。本章では、主として猪熊と河合の研究を中心にナバホ族の文化と現状を紹介した。

二人の研究の特徴は、アメリカの人類学者が書いた民族誌とは明らかに異なる観点で、ナバホ族を描いているところだ。特にナバホ・ネーションの大学で学んだ猪熊の著述は、アメリカ政府がナバホ族を迫害した歴史を、極めて明晰に書いているが、アメリカの人類学者が書いたテキストには、歯切れの悪さと、いいわけじみた記述が目立っている。また河合は、ナバホ族の伝統医療を「迷信的」という色眼鏡で見ずに、専門の臨床心理学という立場から高く評価している点が特徴的である。

最後に、ナバホ族でフィールドワークをしたぬくみちほが、河合との対談の中で話した、印象深い逸話を紹介しよう。

ぬくみが、ナバホ族の運営する小学校の遠足について行った時、農業の先生が小学校4、5年生の生徒たちを大きな枯れ木の下に集めて、こう尋ねた。彼は子供たちに「お前たちは、アメリカ人か、インディアンか、それともナバホか」と聞いた。子供たちはナバホと答えた。次に、「ナバホであるということはどういうことか」と尋ねると、子供たちは答えられなかった。そこで、その先生は「この谷で取れるものを食べることだ」と教えた。「この谷にどういう植物が生きているのか、どういうサボテンが生えているのか、どれが何に効く

薬草なのかをきちんと知っていることがナバホなんだ」と続け、「君たちはイ
ンディアンにも、ネイティブ・アメリカンにも、アメリカ人にもなるな」と結
んだという（河合 2002：216）。

　「伝統文化の再生」や、「民族の尊厳の回復」というような理想化されたス
ローガンよりも、少数民族だからと言って卑下することなく、伝統文化に誇り
を持って生きる自信を取り戻すために、ナバホ族の人たちが自らの文化を次世
代に伝えようと奮闘していることが伝わるいいエピソードと言える。

【参 考 文 献】

青木　晴夫　1979　『アメリカ・インディアン──その生活と文化』　講談社。

一之　宮久　1981　『帰ってきたナバホ──アメリカ・インディアン探訪記』　三一書房。

猪熊　博行　2003　『風の民──ナバホ・インディアンの世界』　社会評論社。

エレンベルガー，アンリ　1980　『無意識の発見──力動精神医学発達史』上巻　木村敏・
　　　中井久夫監訳　弘文堂。

岡田　宏明　1969　「アメリカ・インディアン」　大橋健三郎編『講座 アメリカの文化2 フ
　　　ロンティアの意味──現実と神話』　南雲堂。

オデール，スコット　1974　『ナバホの歌』犬飼和雄訳　岩波書店。

菊池　東太　1981　『ヤタヘエ──ナバホ・インディアン保留地から』　佼成出版社。

ギリフェイン-ピアス，トルゥディ　1992　「ナバホ族の儀礼用砂絵──生命ある聖なる絵」
　　　『ユリイカ──特集アメリカ・インディアン　コロンブス 500 年の光と影』1992 年 3 月
　　　号　高橋雄一訳　青土社。

Kluckhohn, Clyde　1944　*Navaho Witchcraft*　Beacon Press.

Kluckhohn, Clyde and Leighton, Dorothea　1946　*The Navaho*　Harvard University Press.

ゾルブロッド，ポール・G, 1989　『アメリカ・インディアンの神話──ナバホの創世物語』
　　　金関寿夫・迫村裕子訳　大修館書店。

ニューカム，フランク・J. 画　レイチャード，グラディス・A. テキスト　1998『ネイティ
　　　ブ・アメリカン──ナバホ「射弓の歌」の砂絵』　鈴木幸子訳　美術出版社。

ぬくみ　ちほ　2001『ナバホの大地へ』　理論社。

久武　哲也　1989　「大地と子宮──ナバホ族の砂絵から」『ドルメン──特集 大地と子宮の
　　　アーケオロジィ』再刊 1 号　ヴィジュアルフォークロア。

ビューロー，アーニー　1997　『ナバホ・タブー』　ぬくみちほ編・訳　パロル舎。

藤田　尚則　2014　「アメリカ・インディアンの市民権——アメリカ・インディアン法研究
　　の一助として」『創価ロージャーナル』第 7 号　pp.43-78。
ブラウン，ディー　1972　「ナヴァホ族の長い歩み」『アメリカ・インディアン闘争史——わ
　　が魂を聖地に埋めよ』上巻　鈴木主税訳　草思社。
Hey, J.　2005　"On the number of New World founders: A population genetic portrait of
　　the peopling of the Americas" *PLoS Biology* 3（June）:e193,
ローハイム，ゲザ　1980　「ナヴァホ族のエディプス・コンプレックス」『精神分析と人類学
　　下』　小田晋・黒田信一郎訳　思索社。
渡辺　道斉　1996　「伝統住居の変容——北アメリカ・ナバホ先住民の事例」『市邨学園短期
　　大学開学 30 周年記念論集』pp.445-446。

hapter 3

アラスカ・
エスキモーの社会

ユーラシア大陸のモンゴロイドが北米大陸へ移住する途上で、北極圏に留まり、厳しい環境に適応した人々がいる。彼らは「エスキモー」と呼ばれ、その語源は、彼らと隣接して居住するアルゴンキン・インディアンが「エスキモー」（生肉をたべる 輩 (やから)）と軽蔑した意味で呼んだ名称に由来している。そこでカナダ政府は、「エスキモー」ではなく、自称「イヌイット」を彼らの民族名として採用した。しかしカナダで「イヌイット」と呼ばれているのは、「エスキモー」と呼ばれている民族全体の 60％未満なので、研究者の間では、カナダ以外のアラスカ、グリーンランドに居住している人々を含めた民族名称として「エスキモー」が適切だとしている（バーチ 1991：14）。本章では、極寒の環境に適応した人々の文化としてエスキモーの事例を紹介する。

1. エスキモーの地域文化

エスキモーの文化は、東と西に大別できる。宮岡伯人は、「ひと」を表す言葉から言語の分布を調べ、東西に区分できることを示している（図3-1）。図中の（1）から（4）は「東エスキモー語」と呼ばれ、お互いに大体のコミュニケーションが取れることから、方言差があるだけだと考えられている。しかし、（5）から（9）は「西エスキモー諸語」と呼ばれ、お互いに言葉が通じないばかりか、文化的なものも異なっている。（5）はユピック・エスキモー、（6）はロシア人との接触が早かった太平洋エスキモー、（7）から（9）はアジ

ア・エスキモーと呼ばれている（宮岡　1987：64-65）。

　西部極北地方は、東部極北地方に比べて、植物資源と魚類が多く、人口密度
にも差がある。すこし古いデータだが、東エスキモーは分布圏の75％の面積
を占めるにもかかわらず、人口は全体の33％以下であった。西部は東部に比
べて、他の民族との交流も多く、高い人口密度と活発な文化交流によって、東
部極北地方に比べて生活様式が複雑で多様になっている（バーチ　1991：17）。

　東エスキモーがヨーロッパ人と接触したのは、ノース人（ヴァイキング）がグ
リーンランドを探検して植民した10世紀頃にさかのぼる。16世紀にはヨーロッ
パから捕鯨船や漁船の漁師が南西グリーンランドなどを訪れた。本格的な探検
が始まった18世紀には、エスキモーの生活が記録され始めた。探検家が来た
後に、交易商人や宣教師が極北地方に入ったことにより、外部の細菌やウイル

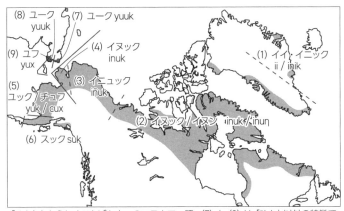

「ひと」をあらわすことばと六つのエスキモー語。(7) と (8) は「ひと」以外の特徴で
区別される。〔　〕内は1980年の推定話者数 (Kruss 1982などによる)

　　(5) ～ (9) 西エスキモー諸語　　　　(1) ～ (4) 東エスキモー語

　　　(5) ユッピック語〔13,000〕　　　　　グリーンランド　42,000
　　　(6) スフピアック語〔900〕　　　　　カナダ　17,000
　　　(7) ナウカン語〔350?〕　　　　　　アラスカ　5,000
　　　(8) チャプリン語〔1,500〕
　　　(9) シレニック語〔2〕

図 3-1　言葉の分布から見たエスキモー文化の地域差（宮岡　1987：63 より作成）

スに対して抵抗力のないエスキモーの間に伝染病が蔓延し人口が激減した。西エスキモーは、18世紀前半、ベーリング海と北太平洋に進出したロシア人と接触している。

　また西洋の様々な品物が導入されたことから、食糧を得るための狩猟から交易所で毛皮を売るための狩猟に変わった。この交易所とともにキリスト教の伝道所や学校が開設され、エスキモーの生活は根本的に変化した。季節的移動をやめて、村を作り定住するようになり、1970年代になると、それぞれの居住区の国家組織に吸収されていった（バーチ　1991：17-20）。

■ 2. 環境の対比と双分社会 ■

　緯度が高い北欧の夏は、夜遅くまで明るいので、白夜と呼ばれている。エスキモーが居住する北極地帯は、さらに緯度が高く、夏は日が沈まない代わりに、冬は日が昇らぬ夜が続くので、エスキモーの生活形態は、夏と冬で全く違う。アラスカのポイント・ホープの村における季節ごとの狩猟対象動物を示したのが、次の図3-2である。

　フランス人で社会学・民族学を研究したマルセル・モースは、エスキモーの生活世界を夏と冬で対比させて「双分社会」という概念で分析した。モースは、社会学を学問体系としたデュルケムの甥にあたる人だが、彼は探検記をはじめとした膨大な文献資料を用いて、エスキモーの双分社会を見事に描き、その後の人類学、社会学に大きな影響を与えた。次にモースの研究から定住生活が始まる以前の伝統的なエスキモーの生活を紹介する（モース　1981：1章）。

（1）夏の居住形態
　夏は、テントで生活していた。そのテントは、アザラシの皮が防水性に富み、寒さを遮断する効果が大きいので、アザラシの皮を縫い合わせて作られた。テント生活で重要なことは、そこに居住する集団が、最も狭い意味での家族で、男性とその妻、その子供たちが中心になっていることである。

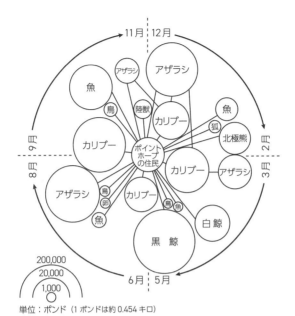

図 3-2　ポイント・ホープの季節ごとの獲物（渡辺・岡・杉原編
1961：223）

　夏のテントは、相互に隔たりのある場所にかなり分散して設営していた。ま
た、この季節は遠隔地への旅や大規模な移動が行われた。

（2）冬の居住形態

　冬はテントではなく、地上の家屋か竪穴式住居で生活していた。冬は気温が
－30度から40度まで下がるので、寒気から身を守るための工夫がされている。
竪穴式住居の特徴は、①戸外から内部に通じる半地下式の通路、②ランプ置き
場、③座台の上の就寝用スペースがあることである。図3-3は、冬の竪穴式住
居の家屋の構造で、外の寒気が部屋の中に入らない工夫がなされている。

　その建築材料は、流木が多い地方では木材、捕鯨をする地域は鯨の骨を用
い、単に固い雪を積み上げたものもある。冬の居住形態は、通常、複数の家族

が住んでいた。図 3-3 から分かるように、冬の家屋は大掛かりな建築をするので、ひとつの家屋に複数の家族が同居して、集団生活が冬の居住の特徴になっていた。アメリカ西海岸やカナダのハドソン湾岸諸地域に居住するエスキモーの集会所は「カシム」と呼ばれ、冬の極端に集中した集団生活によって生まれた建造物があった。この建物は、同一宿営地の全家族、あるいは男性住民全員が、共同生活をするために同じ場所に結集したいと望んでできたものだった。

　居住形態が夏と冬とで大きく異なるので、宗教生活にも差異が生まれた。つまり、夏は戸外での狩猟が生活の中心なので、特別な宗教活動がないが、それと対照的に冬は漆黒の夜の世界で猟ができないため、宗教儀礼が活発だった。特に 3 月から 5 月にかけて、食料が乏しくなるか、底をついてしまった時、そして獲物の捕獲が不安定になった時など、集団を脅かす飢餓を回避するために、公的で荘厳なシャーマニズムの儀式を絶えず執り行っていた（モース 1981：85）。冬の宗教生活は、夏の生活と対照的に「集団的」であり、祭祀が共

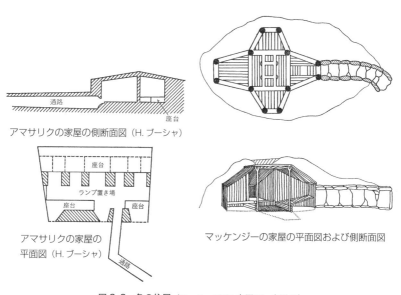

アマサリクの家屋の側断面図（H. ブーシャ）

アマサリクの家屋の
平面図（H. ブーシャ）

マッケンジーの家屋の平面図および側断面図

図 3-3　冬の住居（モース　1980：左図 54、右図 56）

同で行われるだけでなく、共同体が持っている一体感と統一性が顕在化する。集団全体で行う儀式は、家族単位という境がなくなり、集団全体が強調された祭祀が行われた。以上を冬と夏の対比でまとめると、次のようになる。

　　冬：夜・死・儀式・共同生活・大家族・公的

　　夏：昼・生・狩猟・テント・小家族・私的

　このように単に季節としての夏と冬との対比だけでなく、夏と冬では全く生活環境が異なり、それが社会生活や宗教活動にまで影響していることが、エスキモー文化の特色と言える。夏と冬との対照が社会組織を規定する事例が、バフィン島のエスキモーに見られる。ここには、集団を二つの陣営に分けて綱引きをするという祭祀があった。その祭祀では、組織の人々を生まれた季節によって二分する。つまり、冬に生まれた人を「雷鳥（axigirn）」という集団、夏に生まれた人を「けわた鴨（aggin）」という名称で呼び、雷鳥の陣営を陸地側、けわた鴨の陣営を水辺側にして、綱引きをした。出生した季節によって集団を分類することは、二つの季節が基本的に対立している存在であり、夏と冬がエスキモーの観念体系の対極であることを示している（モース　1981：89-91）。

　エスキモー社会の夏と冬の対比は、自然に適応して生きるエスキモーの知恵といえる。

3. 社　　会

（1）家　　族

　エスキモーの家族の基本単位は、核家族、つまり一人の男性とその妻と彼らの子供からできている。しかし、地域によっては複数の妻たちと彼らの未婚の子供たち、そして稀に老齢の親族や再婚していない寡婦とその子供たちが含まれる。代表的なエスキモーの家族は、相対的に子供の数が少ないにもかかわらず、様々な親族が同居している大家族だった（バーチ　1991：30）。

　エスキモーの社会では、死者の名を口にすることがタブーとされていた。このタブーは、その名前が新しく生まれた子供に命名されるまで続く（宮岡

1987：117）。名前はその人と結びついた一種の霊あるいは生命力とされ、エスキモー社会全般に見られる。例えばユピック・エスキモーの命名儀式は、「源泉をあたえる」という名称で呼ばれる。新生児は名前を付けてもらうと、亡くなった人と同名者の関係になり、力と性質を受け継ぐと考えられる。極地エスキモーでは、生まれた時に赤子が産声をあげるのは、名前がほしいからだとも言われる（宮岡　1987：172）。

　年配者は、習慣やタブーの知恵を持つ者や昔話の語り手として、年を重ねるごとに尊敬される。しかし移動生活をしていた時代は、地方によって、飢饉の時、若者に少しでも食料を残すため、年配者が自発的に嵐の中に出て凍死を選ぶことがあった。また、猟場を移動する時、悪天候に見舞われたり荷物が多すぎたりした時、老衰で体力的についていけなくなると、何も持たずに一行から離れて死を選ぶこともあった。エスキモーの考え方によると、死は人生の一コマにすぎず、年配者の魂が赤ん坊に生まれ変わると信じられており、そのため、老人の死後に生まれた子供に死者の名前を付けた（バーチ　1991：31）。

　婚姻方式にはいくつかの形態があった。結婚はとても簡単で、特別な結婚式もなく、贈り物の交換や制度的な認可手続きもなかった。多くの地方でイトコ婚は禁止されていたが、人口が少ないと、しかたなくイトコと結婚することもあった。また稀に狩猟の腕前が良い男性は、二人の妻とその子供たちを養うことができ、むしろたくさんの獲物を処理するために二人の妻を必要とする場合もあった。逆に、一人の女性が二人の男性と同居することもあったが、家庭内でのストレスが多く、実際は少なかった。それは夫同士が性的ライバルであると同時に、二人のハンターが持ち帰る獲物を妻が一人で処理する負担が大きかったからだ（バーチ　1991：42-45）。

　この他、いわゆる「妻貸し」という非同居型の婚姻もあった。この習慣は、かつて欧米の捕鯨船がエスキモーの集落で女性をあてがわれたことから、エスキモーの奇習として、欧米の船員を通じて海外に噂が広まった。蒲生正男は、1962 年と 65 年に南西アラスカのネルソン島でフランク・アマデウスという老人から 70 年間のライフヒストリーを調査した時に、「妻貸し」の習慣を聞いて

いる。彼の話によると、パートナーとして認め合った男同士で、一人が旅に出て留守の間は彼の妻子をもう一人のパートナーに面倒を見てもらう習慣があった。神父たちはこの習慣をやめさせようとしたが、フランク老人は「妻交換のようなおかしな目で見てはいけない」と証言している。なぜならば、「妻貸し」は単に性的な意味だけではなく、厳しい自然状況で生活するエスキモーにとって、一種の危険分散をする手段でもあったからだ。厳しい自然環境で暮らすエスキモーは、いつ何時事故で命を落とすかもしれない危険と隣り合わせの生活をしていた。だから、「妻貸し」によって、別の男性と関係を持った妻は、夫の不在中に、その男性から獲物を受け取ることができ、もしも夫が不慮の事故で亡くなったら、その男性から続けて援助を受けることが期待できた（蒲生 1976：79）。

　これは、ある意味で「妻貸し」が、エスキモー社会で擬似的親族関係を創出する手段として使われていたことを意味している。この「妻貸し」のように、新たな親族関係を創出する習慣としての同盟者関係もある。つまり、血縁、縁戚関係が無くても、死者の名前を新生児に付けることによって、擬制的親族関係を作る習慣である（岸上　1998：44）。このように、エスキモー社会では、人間関係のネットワークを絶え間なく広めようとする傾向がある。それは、厳冬の厳しい環境を乗り越えるため、集団として団結力を高める必要があったためで、こうした社会制度は、エスキモーの種を存続させようとする、一種の本能として考え出された。

（2）霊　魂　観

　エスキモーは、人間と同様に動物の魂が輪廻転生すると考えていた。動物の魂が再生する儀礼として、アラスカ、特にセント・マイケル湾のウナリトで行われる「膀胱の儀礼」がある。これは、前年の祭りから１年の間に、集団全体で殺された海棲動物の膀胱を一斉に海に投げ入れる祭である。この祭りの背景には、膀胱に宿ると信じられている動物の魂が、雌のアザラシやセイウチの中に再生されるため、海に魂を返せば再生できるという考えに基づいている

（モース　1981：87）。ネルソン島で調査をした蒲生は、この「膀胱祭」がキリスト教の普及以降も残ったことを、次のように分析している。「膀胱祭」が呪術的・宗教的行事として、キリスト教の教理と相容れないとして教会から廃止するように圧力があった。しかしエスキモー自身は、たとえキリスト教に入信しても、伝統的信仰を全て放棄したわけではなく、昔ながらの精霊「イヌア」信仰にキリスト教の「カミ」を付加する形でキリスト教的な解釈を加えたと言われている。その理由として、1960年代にキリスト教化の進んだネルソン島でも、子供たちはクリスチャン・ネームと同時に、エスキモーの伝統的な名前を持っており、その命名も近い過去に死去した近親縁者の名前を受け継ぐことを原則にしていたことを挙げている（蒲生　1976：88）。蒲生は、動物とともに人間も転生輪廻する考え方がエスキモーにあることを、子供の命名法から指摘した。

　エスキモーの社会では死者の名前を呼ぶことがタブーだと前述したが、死者の魂を再生させる祭りもあった。「死者祭」は、死者が宿営地の同じ名前の人の中に再生するよう、死者の魂に懇願する儀式である。それは子供が生まれる時、その前に死亡した者の名前を受け継ぐ慣習があるためである。命名の後、人々は死者の名前を受け継いだ者に贈り物を託し、さらに祭りの参加者が相互に贈与を交換して、死者の国へ帰るため人間界を去る魂に別れを告げた（モース　1981：87）。

　ユピック・エスキモーの「ウルゲック」（記念祭）の詳しい儀式の内容は、次の通りである。この儀礼では、人間が死んで肉体から離れた魂は、死者の国で国をさえぎる河や危険な犬の住む土地など、様々な障害を乗り越えてあの世に向かうと考えられている。魂が安全に黄泉の国にたどり着けるかは、本人の人徳だけでなく、死後の村人の行動にもよる。特に小刀や斧など、先のとがった道具は、黄泉の国への小径を閉ざし、死者の魂が転生できずに亡霊になってしまうので、この祭りに参加する人々は使用が制限される。死者の魂が無事黄泉の国にたどり着くと、次は喉が渇くので水が必要となる。死者の魂に必要な食物、水、着物は、死者の親戚に供えてもらう。そして新しく生まれた子供に、死者の名前を付けると、この子は死者の同名者として、直接つながりを持つこ

とになる。周囲の者は、その子に対して、同名の死者と同じように敬意を払う。これは、エスキモーが子供を手荒く扱ったり叱ったりしない理由の一つと考えられる。自分の子供を「おじ」とか「父」と呼ぶこともあった。ウルゲックでは、同名者は草のむしろに座らされて、食物・水・着物の贈り物を受けとる。そうすると、黄泉の国の死者も、同じものをもらうことができると考えられるからだった。このような輪廻転生の考え方があったので、前述したように、老人が自殺を選ぶ行為は受け入れやすかったのかも知れない。しかし、記念祭にしても伝統的な命名法にしても、宣教師が迷信だからと儀礼を禁止したため、徐々に忘れ去られている（宮岡　1987：117-118）。

4. 捕鯨エスキモーの事例

　クジラ猟は、1970年代になって禁止されていたが、1990年代になると先住民の既得権として一定数の捕獲が認められるようになった。エスキモーのクジラ猟について、具体的に調査したものとして、蒲生の論文がある（蒲生　1964）。この時牛山純一の撮影隊によってドキュメンタリー・フィルムも制作されている。この二つから、エスキモーの捕鯨に見る生活を紹介する。

　クジラの肉は、一度に大量の肉が確保できるため、クジラ猟のためのグループ、すなわちクジラ組が作られて、男たちがこぎ手として船の持ち主のところに集まる。クジラ組は7人から9人で、炊飯係や食料運搬係として1、2人の女性がいる。船主はウミアリック（またはウミアリク）と呼ばれ、クジラ組のこぎ手は、基本的に船主の近親者が集まる。こぎ手が若い時は母やオバの関係者、成人すると妻の兄弟や姉妹の夫など、年配になると娘の婿など、女性を通じた近親者が多い特徴がある。1962年の調査では、すでに部分的に賃金労働者が含まれていたが、普通のクジラ組の成員への報酬は、クジラ肉の分配やテント生活での食料を配分されるだけだった。

　クジラ組の成員らは氷の山に見張り役を立て、24時間洋上を監視する。動力付きのボートでは、クジラはエンジンの音に驚いて深海に逃げてしまうの

で、手漕ぎボートで追いかける。ボートから、アザラシの皮で作った浮き（図3-4）をつけた長いモリ（図3-5）で泳いでいるクジラの背中を狙う。

図3-4　アザラシの皮の浮き　　図3-5　クジラ獲りのモリ

(Boas　1964（1888）：92)

　モリを打たれたクジラは、血を流して弱っていき、深く潜れなくなるため、継続してモリを打ちこんでしとめる。クジラが絶命すると、周囲のクジラ組が陸に引き揚げるための運搬を助ける。これをクジラ肉の分配の順序から見ていくと、図3-6のようになる。

　肉の分配は以下の通り。

　1　ウミアリック（船主）の取り分で、底の部分は翌年まで保存してクジラ組に再分配。

　2　成功したウミアリックの構成員の取り分。

　3　第一ボート（最初に到着したボート、以下到着順）

　4　第二ボート

　5　第三ボート

　6　第四ボート

　7　第五ボート

　8　第六ボート

　9　第七ボート

10 第八ボート

11 全クジラ組に分配。

12と13　ウミアリックの取り分で、クジラ祭の時にウミアリックから祭りの参加者に分配。

14と15　カプケテ（モリを打ちこむ船頭のリーダー）の取り分。

16 ウミアリックの取り分。

17 成功したクジラ組の最年長者の取り分。

18 同様に次の年長者の取り分。

19 第一ボートの取り分。

　クジラ肉の配分規定に見られる特徴は、ウミアリックという船主の取り分が多く見えるが、その取り分は個人で全てを消費してよいのではなく、祭りの時参加者に分配されることが挙げられる（蒲生　1964：165）。

　採集狩猟社会の特徴として、獲物の平等分配がある。これは、狩猟でしとめた獲物を、個人的に所有を許される部分と、同じバンド（採集狩猟社会での遊動的な居住集団）の他の成員に分配する部分とに分けて、後者を平等に分配するシステムである。採集狩猟社会は、獲物の獲得が不定期なため、獲物を獲得した猟師から食糧を配分してもらうことで、集団の食料を確保し、種として存続を維持するシステムである。エスキモーも、クジラの肉の分配は、上記のようなクジラ

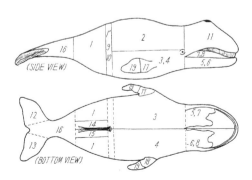

図3-6　クジラの肉の分配（蒲生　1964：164）

組に限るわけでなく、捕獲したクジラを岸に引き揚げる時に手伝ったバンドの成員全員に分配される。クジラの引き揚げ作業は、老若男女が関わり、バンドの成員全体で行うので、男の働き手のいない寡婦や老人にも肉が配分される。

　また、仕留めたクジラを岸まで牽引するには、他のクジラ組との協力が不可欠である。彼らの到着順位がクジラ肉の配分部位と関係するということは、量的には平等分配であるが、良い部位を得るためには、迅速な協力を求められており、その意味で競争原理が働いている。

　クジラは冬から夏に移る時期に、アラスカに回遊してくる。一度に大量の肉が取れるが、地下に掘った冷凍庫に貯蔵するので、夏場でも保存することができる。北極圏では野菜がそだたないため、基本的にはクジラや海獣の肉を生で食べてビタミンを補給していた。エスキモーが移動をやめて定住生活になってからは、クジラ肉などは塩ゆでにして食べている。

　近年食糧で問題になっているのは、海で取れた肉が環境汚染の影響を直接受けていることだ。極北地域の人間と海獣を検査すると、体内から工業製品や農薬・殺虫剤の原料である残留性有機汚染物質（PCB、HCB、DDT、DDE、HCH）が検出された。これらの物質は気温が高い場所で蒸発し、上空を移動して寒冷地に達すると、冷気に冷やされた上に濃縮されて地表に落下する。落下した物質は水中に蓄積し、食物連鎖で上位にある生物の体内に高濃度で蓄積される。さらに、PCBやDDTは脂溶性があるため、海獣の皮下にある厚い脂肪組織に蓄積され、それを口にすれば伝統食といえども人間の健康を害する可能性がある。近年、エスキモーの子供たちが感染症によって死亡したり、免疫異常が多発したりしているのは、アザラシやシロイルカの脂肪に高濃度の有害物質があるからではないかと指摘されている（岸上　2005：177-183）。

おわりに

　一般的に、冬山登山に大変な装備が必要なのは、多くの危険が伴うからである。エスキモーが住んでいる地域は、真冬に−50度にまで下がるので、日本

の冬山より低い温度になる。日本のスーパーマーケットの大型冷蔵庫でも－20度なので、その寒さは想像を絶するが、そうした厳寒の環境でも人間は適応して生きることができる。また、冬山登山や、山スキーをする時の耐寒用具の上着を「アノラック」と言うが、これはエスキモー語であり、耐寒用品には、エスキモーの伝統や知識が生かされていることを示している。

　最後に、地球温暖化が、彼らの生活にどのような影響を与えているかについて触れておく。長年、カナダの極北地域でエスキモーの調査をしている岸上伸啓でも、温暖化が大きな問題になっていることが分からなかったと述べている。しかし、「天候の予測が難しくなった」という現地の人の証言が、温暖化の影響だと知り、生態系の変化が少しずつ極北にもやって来ていることに気付いた。暖かい冬が続くかと思うと、極端に寒い冬が突発的に出現することがあるそうで、船外機付きボートの利用時間が長くなる一方で、スノーモービルの利用時間が短くなったことなど、温暖化の兆候は出ていた。

　アラスカのバローでも、かつては1年の大半が凍結していたのに、最近では凍結しない海域が出現したため、海底油田の探査調査が活発化している。音に敏感なホッキョククジラが、その騒音のため回遊ルートを変更したり、クジラの健康状態に悪影響を及ぼしたりすることが心配されている。海底油田が開発されると、捕鯨活動に大きな影響が出てくることは明らかである。さらに、冬季に寒暖差が大きくなると、雪が融けた跡に再凍結するため、野生トナカイのカリブーが雪氷下の草を食べられなくなり、多量に死んでしまったことがある。またワモンアザラシの赤ん坊が成長する前に、巣穴である海氷が融けて死んでしまい、成獣の数がめっきり減ったと言われている。狩猟によって食糧を確保しているエスキモーにとって、温暖化の危機意識の有無以前の問題として、地球温暖化は彼らの生活に様々な影響を及ぼし、従来通りの生活が難しくなっている（岸上　2011：58-72）。近年の日本でも、台風が大型化したり、ゲリラ豪雨に見舞われたりすることも地球温暖化が関係していると言われており、異常気象は人類共通の課題になっている。

　日本と同じアジア系民族の系統であるエスキモーへの関心は、戦後の日本で

も高くなった。エスキモー研究で、日本人の研究者は優れた成果をあげている。彼らの研究が示すように北極の厳しい自然に適応して生きるエスキモーは、ある意味で人類の生命力の極限を示していると言える。

【参 考 文 献】

岡田　宏明　1992　「西南アラスカ・エスキモーの伝統的文化──ネルソン島の事例から」
　　　岡田宏明・岡田淳子編『北の人類学──環極北地域の文化と生態』　アカデミア出版会。

蒲生　正男　1964　「アラスカ・エスキモーにおけるバンドの構造原理」『民族学研究』28 巻
　　　2 号　pp. 149-180。

蒲生　正男　1976　「文化交流の提言──南西アラスカ Nelson 島の事例から」『季刊人類学』
　　　7 巻 4 号　pp.73-97。

岸上　伸啓　1998　『極北の民カナダ・イヌイット』　弘文堂。

岸上　伸啓　2005　『イヌイット──「極北の狩猟民」のいま』中央公論新社。

岸上　伸啓　2011　「再見細見世界情勢（17）地球温暖化とイヌイット」『季刊民族学』35 巻
　　　1 号　pp.57-72。

岸上　伸啓　2019　「北アメリカ先住民の捕鯨の現状と課題」『国立民族学博物館調査報告』
　　　149 巻　pp.85-104。

ジェサン, ロベール　1977　『アマサリク──エスキモーと文明』　宮治美江子訳　思索社。

祖父江　孝男　1961　『エスキモー人──日本人の郷愁をさそう北方民族』　光文社。

バーチ Jr, アーネスト・S.　1991　『図説エスキモーの民族誌 ──極北に生きる人びとの歴
　　　史・生活・文化』　ヘンリ, スチュアート訳　原書房。

Boas, Franz　1964（1888）　*The Central Eskimo*　University of Nebraska Press.

本多　勝一　1981　『カナダ・エスキモー』　朝日新聞社。

宮岡　伯人　1987　『エスキモー──極北の文化誌』　岩波書店。

モース, マルセル　1981　『エスキモー社会──その季節的変異に関する社会形態学的研究』
　　　宮本卓也訳　未来社。

渡辺　操・岡　正雄・杉原　荘介編　1961　『アラスカ──明治大学アラスカ学術調査団』
　　　古今書院。

hapter 4

アフリカ・ナイル 上流のヌエル族

〜牧畜・血族・内戦〜

はじめに

　アフリカといえば、広大なサバンナの草原を駆け巡る野生動物や、サハラ砂漠のヒトコブラクダ [(1)] などを連想するだろう。しかし、アフリカはそうした原生林の生い茂る赤道直下にある熱帯や、サバンナ地帯ばかりではなく、北にはサハラ砂漠、そして地中海沿岸と南アフリカには温帯の農業地域が広がり、アフリカ大陸には非常に多様な生態系と生業形態がある（図4-1）。

　またアフリカのもう一つのイメージとして、内戦、難民、飢餓、さらには環境破壊など、現代の状況に基づくマイナスのものがある。このイメージ形成はマスコミによるが、現在ではインターネットの普及で玉石混交ながらも様々な情報を入手できるようになってきた。

　本章で取り扱うヌエル族も、内戦に巻き込まれたスーダン南部に居住している。南部スーダンは、北部のアラブ系中央政府と二度にわたる内戦を経て2011年7月9日、「南スーダン共和国」として分離・独立し、国連にも加盟した。長くスーダンでフィールドワークをしている栗本英世の著作『民族紛争を生きる人びと』の冒頭にある、興味深い逸話を紹介しよう。

　1993年に、ニュース・ステーション（1985〜2004年放映の報道番組）の20分の特集、及び同じテレビ局で放映された1時間20分の特別番組「子供たちに

---

(1) 日本の動物園・動物公園にいるラクダの大半はフタコブラクダ。

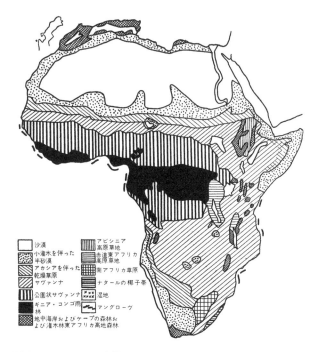

凡例:
沙漠
小潅木を伴った半砂漠
アカシアを伴った乾燥草原
サヴァンナ
公園状サヴァンナ
ギニア・コンゴ雨林
地中海岸およびケープの森林および潅木林東アフリカ高地森林
アビシニア高原草地
赤道東アフリカ高原草地
南アフリカ草原
ナタールの椰子帯
湿地
マングローヴ

図 4-1　アフリカの生態系　植物分布図より（Fitzgerald 1950, 泉編 1962：14）

明日という日」で、当時ユニセフ親善大使だった黒柳徹子によるスーダンレポートが放送された。栗本は、この番組が取り上げた場所で、長い間調査をしていたので、この番組に違和感を覚えた。

　この二つの番組の共通するテーマは「悲惨さ」で、特別番組はユニセフへの募金目的から、視聴者の同情を誘う必要性があった。1983年に勃発したスーダン内戦は、100万人以上が死亡し、数百万の難民や被災民を出し、現代世界で最も悲惨な内戦であることには間違いない。テレビでは、被災民キャンプで、人々が素足で生活している様子や、「汚れた」川の水を飲料水にしているとレポートした。しかし栗本が現地調査をした時も、現地の人たちと同じ生活をしていたので、栗本は裸足での暮らしや川の水を飲むことが悲惨なことかと疑問を投げかけている。さらに栗本がこれらの番組に違和感を持ったのは、内戦を経験している当事者の声が全く聞こえず、レンズの向こうの遠い「他者」として描かれていることだった。また、日本のテレビ局が、知らないうちに現地政府の宣伝材料として利用されている「政治性」にも苛立ちを覚えた。

　栗本は、この番組の問題点を考察し、現代社会へ警鐘をならしている。彼

は、現代社会は情報化時代と言われているけれど、氾濫する情報は消化されず、単に情報が消費されているに過ぎず、「他者」への関心や共感はかえって低下しているのではないかと指摘している。そして、飢餓、難民、内戦、民族紛争という、現代アフリカが直面する問題を考える時、マスメディアで流れる情報だけではなく、遠く離れた人々の経験を、同時代に生きる人間として共感をもって理解するために、個別の政治、文化、歴史的な文脈に対する生きた知識と、開かれた柔軟な想像力の復権が必要だと主張している（栗本　1996：5-10）。

　では、本章で扱うヌエル族について、その社会、文化を紹介した後に、アフリカが現在直面している問題について考えていこう。

２．ヌエル族の概況

（1）エヴァンズ＝プリチャード

　民族名称として、日本語では「ヌアー」と「ヌエル」の二つの表記が並存している。英語の Nuer の発音は「ヌアー」だが、南部スーダンの実際の発音は「ヌエル」である。本章では、近年の研究論文で「ヌエル」となっているので、そちらに統一した。ちなみに、Nuer は他称であり、自称は Naath（ナース）である（栗本　2002：65）。

　ヌエル族は、人類学でよく言及される民族だが、それはイギリスの人類学者、エヴァンズ＝プリチャードの著名な民族誌でヌエル族が紹介されているからである。まず、エヴァンズ＝プリチャードについて、簡単に紹介する。彼は1902年にイギリスのサセックスで生まれ、ロンドン大学で人類学を学んだ。1927年にアフリカ・スーダン南部のアザンデ族の調査で博士論文を書き、スーダン政府の要請で、反政府的な動きが見られたヌエル族の調査に1930年と31年、及び36年に出かけている。1940年から45年までは兵役に就き、スーダン・エチオピア国境で現地人ゲリラを率いてイタリア軍に対する作戦に従軍したり、中東などに滞在したりしていた。そして戦後は、オックスフォード大学の

社会人類学教授として教鞭をとった（内堀　1985：350-351）。彼が書いた民族誌は人類学の古典として読み継がれている。現在南スーダン地域では、第二次スーダン内戦（1983-2005）、南スーダン独立（2011）後も紛争が続き、ヌエル人は単に民族紛争に巻き込まれただけでなく、内戦の主要な当事者となっている。その結果、故郷に居残るだけでなく、国境付近の難民キャンプや国内の国内避難民キャンプ、そしてアメリカ・カナダ・オーストラリア等にも難民として多数が受け入れられて移住している。

　ヌエル族は、かつてお互いに牛を略奪するだけでなく、隣接する類似した言語や文化を持つディンカ族の牛も略奪していたため、周辺民族から恐れられていた。エヴァンズ＝プリチャードは、スーダン政府の要請で調査したので、ヌエル族の政治組織や、政治的権威を支える社会構造に調査の焦点を当てた。植民地行政の立場では、絶えずディンカ族を襲撃する好戦的・攻撃的なヌエル族への対策を立てる必要性があったので、その認識はエヴァンズ＝プリチャードのヌエル族調査にも影響を与えた。また、当時、一部のディンカ族の首長はイギリスの植民地行政支配に協力し、それに対してヌエル族はイギリスの統治に武力闘争を続けていたという事情もあった。エヴァンズ＝プリチャードの報告は、それ以前の植民地行政官が宗教的・呪術的専門家を「ウイッチ・ドクター（呪医）」とひとまとめにしていたのをやめさせるなど、ヌエル族文化の理解を行政官に広めることに貢献した（栗本　2002：57）。

（2）ヌエル・ランド

　ヌエル族は、ナイル上流のサバンナや沼地に居住しており、エヴァンズ＝プリチャードが調査した頃は、20万人が居住していた。ヌエル族の居住地、その周辺の民族関係は、図4-2と4-3に示しておいた。

　エヴァンズ＝プリチャードは、ヌエル族と交わした会話から、調査の困難さをさりげなく嘆いている（エヴァンズ＝プリチャード　1982：17-18）。

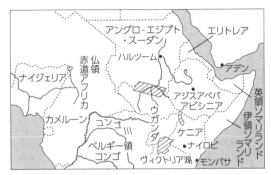

図 4-2　ヌエル族の居住地域（斜線部分）を示す概略図

（エヴァンズ＝プリチャード『ヌアー族』よりヌエル族の居住地の部分を拡大して表示した）

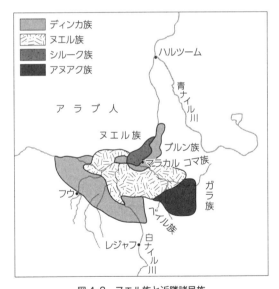

図 4-3　ヌエル族と近隣諸民族

（エヴァンズ＝プリチャード　1997：26 より作成）

私：君は誰？

チュオル：人間だ。

私：君の名前は？

チュオル：私の「名前」が知りたいのか。

私：そうだ。

チュオル：「私」の名前が知りたいのか。

私：そうだ。君は私のテントを訪ねてくれた。だから私は君が誰なのか知りたいのだ。

チュオル：わかった。私の名前はチュオルだ。あんたの名前は何と言うか。

私：私の名前はプリチャードだ。

チュオル：オヤジさんの名前は何というか。

私：父の名前もプリチャードだ。

チュオル：そんなはずはない。オヤジさんと同じ名前をもつはずがないではないか。

私：これは私のリネージ[2] の名前なのだ。君のリネージの名前は？

チュオル：私のリネージの名前を知りたいのか。

私：そうだ。

チュオル：それを聞いてどうするのか。自分の国にもって帰るのか。

私：別にどうするつもりはない。君のキャンプに住んでいるから知りたいだけだ。

チュオル：わかった。我々はロウだ。

私：部族の名前を尋ねたのではないよ。部族の名前ならもう知っている。リネージの名前を知りたいのだ。

チュオル：どうしてリネージの名前を知りたいのか。

私：もういいよ。

チュオル：それならどうして聞いたのか。タバコをくれ。

---

(2) 翻訳の原文では、「リネージ」のところが「リニィジ」になっている。これは一族のことを表す lineage のカタカナ表記だが、現在では、「リネージ」という表記が一般的なので、変更している。

ここで、エヴァンズ＝プリチャードは、延々とこうした問答をヌエル族の言葉でやりとりしながら、辛抱強く彼らの生活規範や文化についてインタビューを重ねた。名前を聞くこと自体、社会によっては極めて気を遣う問題であることもあり、まして植民地政府から派遣された西洋人なら、ヌエル族からは人類学者と植民地官僚が同じに見えてしまうため、このように用心深くされても仕方がない状況であった。

　エヴァンズ＝プリチャードは、『ヌアー族』の第 1 章を「牛に生きる人びと」と題して、いかに彼らが牛と一体化した生活をしているかを強調している。これは、ヌエル族が近隣諸族と異なる点であり、彼らの牛への愛着や牛を入手したいという願望に深く関わっている。牛を所有しているのは家族単位で、家長が生きている間は、彼が家畜の全権を持ち、息子たちが結婚適齢期に達すると、家畜の群れから何頭か雌牛をあたえ、これを花嫁代償（結婚する時に女性の親に贈与される財産）とする。一人が結婚すると、牛の頭数が回復するまで、次の息子は結婚を待たねばならない（エヴァンズ＝プリチャード　1982：26）。ヌエル族にとって、牛は単に食糧供給源としての経済的価値があるものだけでなく、社会的、そして宗教的にも重要なのだ。

　ヌエル族の主食は牛乳とモロコシである。モロコシの収穫は不安定だが、雌牛の乳は安定して得られる。牧畜民は、雌牛に依存して主食の牛乳を得ているため、肉を食べることは稀であるが、自然死した雄牛は、例外なく食用にされる。ヌエル族の格言に雌牛が死ぬと「目や心は悲しむが、歯と腹は喜ぶ」とある。ちなみに乳を出さない雄牛は供犠された後に食べるが、雄牛を持っていること自体が威信を示すことなので、見栄のために飼育される（エヴァンズ＝プリチャード　1982：42）。

　スーダン北部のナイル川上流は、雨季と乾季がはっきりと分かれている。雨季と乾季では、食事の比率が変わるのを図 4-4 に示した。また、雨季と乾季では、ヌエル族の生活が大きく変わる。彼らは、雨季になると高台に集まって居住し、乾季になると、河川付近に分散して住む。これを示したのが図 4-5 である。

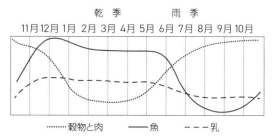

図 4-4　雨季と乾季の食料割合（エヴァンズ＝プリチャード
1997：115 より作成）

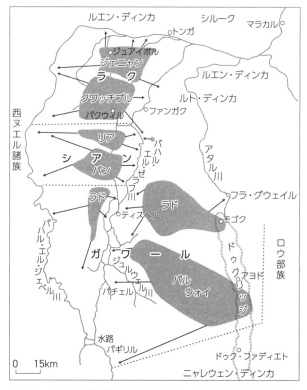

図 4-5　ゼラフ川諸部族の乾季の移動方向（矢印）を示す概略図（B.A.
ルイス氏作成）（エヴァンズ＝プリチャード　1997：115 より作成）

乾季になると、飲み水を求めて川筋に様々な放牧集団が集合するので、各集落単位で、レスリング大会と、その後祭りのダンスを頻繁に開催する。集落は、基本的に父系リネージ単位である。父系とは、祖先を父方にたどる制度で、父方祖先を共通とする出自集団のことを指している。同じ父系リネージの男女は、近親者と考えられるため結婚できないという規制（インセスト・タブー）がある。そこで男性が結婚相手を探すには、他の集落に出向き、結婚できる他のリネージの女性と知り合う機会が必要なので、未婚の男性にとって乾季の祭りは重要なイベントになっている。

3．ヌエル族の社会

（1）政 治 体 系

　エヴァンズ＝プリチャードは、ヌエル族を「好戦的なため頻繁に人が殺される」と記録している。争いの原因は様々で、牛や山羊をめぐるもめ事、他人の息子を殴ること、姦通、乾季における水利権、牧草権、所有者の許可をえず他人の持ち物、特に踊りのための装飾品を借りることなどが挙げられる。また「ヌエル族は自分が侮辱されたと思えばただちに喧嘩を始め、感受性も非常に強く腹を立てやすい」とも報告している。同じヌエル族の村との争いは、リーダーのシンボルである豹皮を身にまとった首長（略して豹皮首長）や長老などに仲裁を任せる。同じ一族内の争いに限定されるが、流血に至る激しい喧嘩が起きるかもしれないという危機感が、争いを防ぐ抑制効果になる。もしも殺人事件が起きたなら、一族が分裂してしまうからだ。しかし、他の部族が犯した殺人に対する仕返しは部族間戦争に発展するので、仲裁で紛争を解決する手段はなくなる（エヴァンズ＝プリチャード　1997：260-282）。

　部族の下位分節間の敵対関係は、彼らが属している上位分節の対立を招く。部族分節間の均衡が取れた対立と、分裂・融合に向かう相補的な傾向は、構造的原理に基づいており、解決に導く手段を講ずることで、下位分節間の対立が決定的分裂に至らないようにしている。部族組織は、報復闘争の持つ復讐の必

要性と、和解のための手続きの双方にバランスを取って成り立っている（エヴァンズ＝プリチャード　1997：274）。部族内部の分節は、父系リネージの構造により成り立っているので、次にリネージについて解説する。

（2）リネージの分節

　ヌエル族研究で最も有名なのは、親族体系であるリネージの分節組織である。リネージ（lineage）はクラン（氏族、clan）と同義だが、リネージの場合、祖先がたどれる血族であり、クランは、祖先の個人名がたどれない遠い祖先を共通にする集団というように区別している。

　ヌエル族は、リネージの分節が、前述した紛争解決の手段や血讐の賠償などとも深く関わっている。クランの分節をリネージと呼び、リネージをその成員が系譜的につながっている父系親族集団と考え、クランはこうした諸集団が集まった体系と考えることができる。

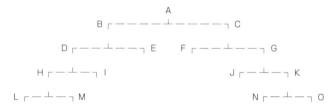

図4-6　リネージの分節モデル

　図4-6では、クランＡが最大リネージのＢとＣに分かれ、ＢがＤとＥ、ＣがＦとＧに分節化している。小リネージＨ、Ｉ、Ｊ、Ｋは大リネージＤとＧの分節であり、Ｌ、Ｍ、Ｎ、Ｏは最小リネージであって、それぞれＨとＫからの分節である。リネージを表すヌエル族の一般的な言葉は、「ソク・ドウィエル」で、彼らが最小単位とするのは、現存者からさかのぼり3～5世代上の祖先を共通にする集団である。すなわちリネージは特定の系統の創始者を出自に持つ。リネージ間の父系親族関係は「ブス」と呼ばれ、親族とは区別される。そ

して父系母系を問わず系譜がたどれる人は「マル」と呼ばれるが、比較的近い親類だけを指す（エヴァンズ゠プリチャード　1982：298-299）。日本語でも、「シンルイ」「シンセキ」は、父方・母方ばかりでなく、妻や子供の配偶者の縁戚をすべて含むが、「血族」「一族」というと、父系の血族のみに限定される用法と似ている。

　しかし、ヌエル族にとって「血統」は、日本の「同族」「一族」とは比べ物にならないくらい重要な役割がある。なぜならば、もろもろの権利・特権・義務は、親族関係によって決まるからである。親族関係にある人々は助け合わねばならず、自分が余剰物を持っていれば、族人たちと分け合わねばならない（エヴァンズ゠プリチャード　1982：284）。そのため、彼らの間で貧富の格差はない。

　また部族体系がクラン、リネージ体系と結合しており、地域共同体がリネージ単位で形成されていた。図 4-7 に示すのが、地域共同体とリネージの規模の相関関係の図である（エヴァンズ゠プリチャード　1982：375）。

　このリネージの遠近に従い、血讐の賠償や婚礼の花嫁代償で受け取った牛を分配する。また、結婚する時や牛の頭数が足りない時に、リネージ内で近い関係の人から牛を借りて結婚するということもあった。特に結婚時の牛のやり取りは、その後の結婚生活の持続に重要な役割を果たす。なぜなら、離婚するならば、女性の親族が花嫁代償として受け取った牛を返却せねばならないので、離婚したいという男性の希望を抑止する働きがある（エヴァンズ゠プリチャード1985：135-138）。

　このように、誰がどのような系譜の位置にあるのかが、ヌエル族にとって牛の再分配や負債の支払い義務などを決める上で重要なのである。そうした系譜上の地位を確定するために、花嫁代償を支払う正式な婚姻が必要である。しかし、そのために、ヌエル族では、一風変わった

図 4-7　（エヴァンズ゠プリチャード　1997：410 より作成）

婚姻形態がいくつかある。では、次にそうした結婚について紹介する。

4. 婚　　姻

（1）年齢組と成人男性

　ヌエル族の男子は、ガルと呼ばれる過酷な手術を受けて、少年から大人の仲間入りをする。これは額の上に小さなナイフで骨に達するほどの切り傷を、6本ほど左右につけるが、この痕跡は一生残り、死体の頭蓋骨にも痕跡をとどめるという。少年の成人式は14歳から16歳で、穀物や牛乳の供給量が一定あると判断された年に儀式を行う。

　連続した数年間に成人式を経た少年たちは、全員が年齢組の「リッチ」に所属する。大体、年齢組の間隔は4年で、行政的・司法的な政治機能はなく、軍事的任務を担うこともない。年齢組体系が部族の軍事組織でないといえるのは、襲撃に参加する戦闘員の大半が少年のカテゴリーにいる年齢組だったが、実際の戦闘では異なった年齢組の人々が合同して戦っていたことからも結論付けられるという（エヴァンズ＝プリチャード　1982：385-389）。

　成人式が済むと、若者は仕事、遊び、戦いにおいて、大人として一人前の権利と義務を有する。そして近隣の他のリネージの娘たちから好意を持ってもらおうと全力を挙げる。若者たちが娘たちと知り合うチャンスはダンスである。若者が他のリネージとのレスリング大会に情熱を傾けるのは、その後のダンス大会で相手チームが属する未婚の女性と知り合うことが目当てであるからだ。そこに見物に来た娘たちに対して、彼らはダンス、槍の術、棍棒を用いた決闘で自己アピールする。若者が、同じリネージの娘が参加するダンスに積極的でないのは、「誰が姉妹とダンスをしたいと思うかね」との説明で納得できる。若者は、他のリネージの娘たちへの求愛チャンスがありそうだとなると、遠くまで出かけていく（エヴァンズ＝プリチャード　1985：78）。

　ヌエル族のダンスは、太鼓のリズムに合わせて、真上にジャンプを繰り返す単純な踊りだ。女性は、自分が好意を抱いている若者の前へ行き、彼の腕が触

れる直前まで近寄る。このダンスで重要なのは、相手を選ぶ権利が娘にあることだ。しかしダンスの夜で二人きりになった男女が、必ずしも性行為に及ぶとは限らない。なぜならば、いくら男性に強い結婚の意志があっても、彼が求婚できるだけの牛を持っていると女性に納得させなければ、若者がいくら懇願しても娘は彼の要求を拒むからだ（エヴァンズ＝プリチャード　1985：79-80）。

　ちなみに、若者と血縁関係がない娘たちの前では、食事に関する一切がタブーである。これは食事をしている姿を見られること、食事の話をすることを含む。親族を除き、男女とも食物に関してお互いを忌避することが、ヌエル社会の厳格な掟になっている。ヌエル族は、異性が食事をする場には絶対に近づかない。ヌエル族の男性は、親族の女性の前で食物のことを話しても良いが、性的会話は禁じられており、逆に非親族の女性の前では性的会話はかまわないが、食物の話は厳禁されている（エヴァンズ＝プリチャード　1985：83-84）。

（2）インセスト・タブーと花嫁代償

　成人となった男子は、結婚相手を探すが、同じ放牧集団に住んでいるのは、基本的に同じ一族であるので、彼女らは結婚の対象にならない。これをインセスト・タブー（近親婚禁止）という。結婚が禁止されている範囲は、次のように列挙される。クランを同じくする人、同じリネージで血縁関係が近い人、生物学的親族関係が近い人、養子縁組などで親族関係の近い人、姻族関係が近い人、年齢体系で父―娘の関係にある人。

　まずクランが同じであるかを検証するには、クランごとにある槍名を見ればよい。結婚式で花婿と花嫁のクランの槍名が呼ばれるので、この時両者が同じであってはいけない。父または母を6世代ほどたどり、同じ祖先がいるならば、その二人は結婚できない。次に、生物学的父（genitor）と社会的父（pater）が違っている場合、息子は生物学的父の最小リネージの女性とは結婚できない。この生物学的父と社会的父の違いは、ヌエル族社会ではよくあることだが、これは後述する。

　ヌエル族は、結婚する時に花嫁の家へ牛を差し出す。その牛は、花嫁の父

母、その親族の間で次の図4-8のように分配する。ヌエル族の婚姻規制で、彼らがよく持ち出す例は、牛をもらう権利がある親族と与える権利がある親族が重複し、矛盾しないことである（エヴァンズ＝プリチャード　1985：44-49）。

　図4-8はエヴァンズ＝プリチャードが挙げた東ヌエルの事例で、花嫁の父方と母方に20頭ずつ分配され、父親の手元に10頭、母親の元に10頭残り、その他が記号の示すような親族関係のある人々に分配されることを示している。

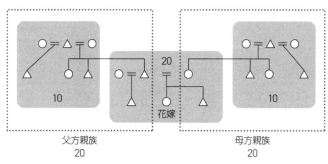

父方親族　　　　　　　　　　母方親族
20　　　　　　　　　　　　　20

△：男性　　○：女性　　＝：婚姻　　──：兄弟姉妹　　│：親子

図4-8　花嫁代償の牛の分配（エヴァンズ＝プリチャード　1985：115より作成）

　牛の支払いは、花婿側から花嫁側に牛の頭数を交渉するが、大体相場が決まっており、あとは個別事情で若干の増減がある。花嫁代償の牛の繰り延べ支払も、交渉の対象になる。しかし花嫁代償の支払い完了が、生まれてくる子供を自分の子供と主張できる根拠になるので、花嫁が妊娠していると、彼女が出産するまでに牛の支払いを完了させねばならない。

　ヌエル族の若者と話をしていると、牛の話から結婚の話に次々と変わっていくのは、こうした結婚をするための条件として、花嫁の両親に牛を差し出さねばならないシステムと関係がある。そして、その牛の分配が、系譜上でいかなる位置を占めるのかを重視するヌエル族の権利義務関係と密接に結びつくことが、次に紹介する婚姻形態を生み出す要因となっている。

（3）生物学的父 ≠ 法的父の婚姻形態

エヴァンズ＝プリチャードが、ヌエル族の社会で一般的だとする「死霊結婚」は、男性が未婚の状態で法的な跡継ぎを残さずに死亡した場合、彼の同世代の親族、あるいはその次の世代の親族が、死者の名義で妻を娶る婚姻形態である。一般的には、死んだ男性の兄弟、あるいは生物学的な息子、父方のオイなどが対象となる。実際にこうした結婚をするのは、死者の弟である。兄弟順に結婚するので、故人が結婚する番になると、その次の弟が兄の名前で結婚することになる。その場合、弟は自分の名前でも結婚できるので、彼は事実上二人の妻を持つことになる。

このような習慣は、跡継ぎを残さずに男性が死んだ場合、彼の息子たちによって故人が記憶される目的で、彼の親族の男性が死んだ男性の名前で妻を娶る。この場合、法的な夫はその男性ではなく、死者である。これは一種の代理結婚で、代理の夫は結婚儀式において、あたかも本当の夫であるかのように振舞い、その後の同棲生活や家庭生活でも、そのように振舞う。そこで夫が生きていれば持っていた権利を妻に対して持ち、子供たちが小さい間は、生物学的父は法的父と同じ権威を行使する。しかし、息子たちが成長すると、日常会話で法的父の名前で呼ばれ、最終的には系譜の位置を正しく示す必要がある。法的・儀式的な場では法的父が重要となる。日常生活では、生物学的な父は、法的父と感情や行動において、なんら異なることはない。

死霊結婚は法的結婚とほぼ同じくらいあるに違いないとエヴァンズ＝プリチャードは述べている。そしてよく分からないのは、そうして死んだ男のために妻を娶った男が、そのために自分自身のための結婚ができなくなることがよくあることである。つまり、亡くなった兄弟は法的地位を持っているので、彼は自分のためにもう一人の女性と結婚するよりは、弟たちの結婚のために牛を分配することを選ぶことがある。自分の結婚をせずに、自分の息子を残さず死んだ場合、今度は生物学的息子が、彼の名で結婚する義務を負うことになる（エヴァンズ＝プリチャード　1985：167-170）。

さらに奇妙に見えるのは、女性が女性と結婚し、妻に生まれた子供の法的父

親とみなされる婚姻である。これを「女性婚」という。通常、こうした結婚をするのは子供を産んでいない年配の女性である。彼女たちは男性とみなされるので、メイの結婚で、オジと同等の権利で牛の分配を受ける。また彼女たちは、しばしば呪術師か占い師となっている場合が多く、彼女たちは、そうした仕事の報酬としても牛を手に入れる。子供たちは、彼女のことを「父」と呼び、彼女は男性の仕事である家畜を管理して、牧畜社会で「男」としてあつかわれる（エヴァンズ＝プリチャード　1985：165-167）。

　もう一つのタイプの結婚は、レヴィレート婚と呼ばれるもので、未亡人が死んだ夫の兄弟や息子に引き取られて、その妻となる婚姻である。しかしヌエル族の場合、夫の死後も、その男性の妻であり続けるので、夫の死後、彼女が子供を生んでも、その子供たちは名目的にすべて死んだ夫の子供となる。エヴァンズ＝プリチャードは、ヌエル族に未亡人が再婚できることを理解させるのに、大変苦労したと書いている（エヴァンズ＝プリチャード　1985：171-172）。

　以上のヌエル族の婚姻を表にまとめると、表4-1のようになる。

表4-1　ヌエル族の婚姻 （笠原 1989：78）

	pater（法的父）	genitor（生物学的父とされるもの）
法的単婚	夫	夫
女性婚	夫である女性	依頼された男性
死霊婚	死んでいる夫	代夫
レヴィレート婚	死んだ夫	代夫
寡婦との内縁関係	死んだ夫	愛人

　ヌエル族が系譜上の位置にこだわるのは、彼らの生活の糧である雌牛を分配される権利が血縁関係の系譜上の距離によって定まるからだ。さらに、法的父と生物的父が、ヌエル族社会では乖離していることから、こうした婚姻形態が頻繁に起きる。

　日本では、生みの親と法的な父親が異なることは少ない。しかしヌエル族の場合、死霊結婚が婚姻全体の半数近いというと、どちらが「通常の結婚」であ

るのか判別がつきにくい。こうした事態は、ヌエル族の文化である跡継ぎの子供を得る権利が、死者にまで認められるという観念が徹底し、なおかつ父子間の生殖による絆がかならずしも重視されていないことから起きることなのである。ヌエル族の事例から、親であることが単に生物的な要因だけではなく、社会的な要因からも規定されていることに気付かされる。

■■ 5. スーダン内戦 ■■

　最初に紹介した栗本は、スーダン南部とエチオピアでフィールドワークを行い、自分の調査した村も被害を受け、多くの知人の安否が分からなくなっていると著書に書いている。スーダンの南北対立や民族対立、そして独立戦争に続く内戦にスーダンが疲弊している状況は、栗本の著作から伝わってくる。では、ヌエル族が居住する地域は、どのような状況になっているのかを、栗本の著作から要約しよう。

　スーダンは、北部が乾燥した砂漠・半砂漠であるのに対して、南は湿潤なサバンナで、ウガンダ・ザイールと国境を接している地域では豊かな森林に覆われている。またスーダンの北部はイスラム・アラブの勢力が強く、南部はキリスト教、およびアミニズム（精霊信仰）のアフリカと捉えることができ、南北対立とは宗教と人種の対立とも見られている。栗本は、単純な二元化で理解するのは危険だと批判しつつも、実際にスーダン人の認識の枠組みとなっているので、この二元論にはリアリティがあり、紛争が激化する中で強化される傾向があると指摘している（栗本　1996：33-35）。

　北部スーダンには、アラブ系ではない土着の民族も多数いたが、13世紀後半以降、マムルーク朝は、アラブ人を主力とする軍隊をナイル川上流に派遣してヌビア地方にあったキリスト教系の王国を滅ぼし、勢力圏の拡大を図った。これによりイスラムが浸透していき、北部スーダンでは、何世紀もの時間をかけて「アラブ化」、「イスラム化」が進行した。そこで北部では、アラビア語が母語、あるいは第二言語として使われている（栗本　1996：34）。

1840 年代になると、蒸気船の発達によりナイル川上流まで航行ができるようになり、北スーダンはエジプトによって奴隷と象牙の交易のため支配された。1880 年代になると、イスラームの救世主マフディーが現れ、反エジプトの「聖戦」を宣言し、マフディー国家が誕生した。しかし 1898 年に、イギリス・エジプト連合の遠征軍がスーダンを再征服した。イギリスの植民地政策が確立すると、南部政策という間接統治が行われ、南北が分断され、経済的にも文化的にも異なる政策が取られた。例えば北部では、輸出用の綿花栽培を目的とした大規模灌漑農業プロジェクトが推進され、経済が発展した。そのことにより労働者・都市住民・インテリという社会階層が生まれた（栗本　1996：36-38）。

　1956 年にスーダンが独立したが、南部の人々にとっては、独立は北部のアラブ人に直接支配されることを意味した。南部では散発的、自然発生的に反乱が起こったが、アブード将軍政権下（1958-64 年）のアラブ化・イスラム化政策の強制と武力による反乱鎮圧のため、南部の人々の反発はさらに広がった（栗本　1996：40）。

　1972 年に、南部武装勢力を結集した組織「アニャニャ」がスーダン政府と和平協定を調印し、内戦終結を行い南部の自主権を付与されることにより、地方政府が成立した。しかし、南部での油田と運河をめぐる大規模開発プロジェクトが計画された時、再び南北対立が激化して、第二次内戦の原因となった。当時、スーダン国内で複数の有望な油田がみつかり、その開発によってスーダンは豊かになるはずだったが、南部で発見されたことから政治問題となった。その争点は、精油所の建設場所をめぐるものだったが、対立が激化したので、中央政府は国内での精油をあきらめ、パイプラインを紅海まで引き、精油されたものを再輸入する計画を立てた。1984 年になるとパイプラインが反政府勢力の攻撃目標となり、石油開発プロジェクトは中断してしまった。また南部の灌漑水路建設をめぐり、中央政府はヌエル族が居住する地域に運河を作る計画を発表したが、生活様式が激変するとしてヌエル族は反対した。そこで政府は指示に従わないヌエル族の村を飛行機で爆撃したので、多くのヌエル族が反政府運動に加わることになった（栗本　1996：62-65）。その後の政権交代、クーデ

ター、内戦については図 4-9 を参照されたい⁽³⁾。

　栗本は、当初、アフリカの自然や文化に関心を持って調査を始めたが、その地域で内戦が勃発し、親しい友人たちが難民となってエチオピアに逃れたり、また内戦に巻き込まれて死んだりしたので、難民の様子を克明に記録している。栗本は、調査地を村から難民キャンプに移し、アフリカの新興国家のゆらぎや矛盾を体験し、自分が住み込んだ村が、政府軍の掃討作戦で壊滅状態に陥ったり、また友人が被害者ではなく、加害者となったりしたことも、現地の人たちは重い口を開いて語ったことを率直に書いている。

　ヌエル族は、現在どのような状況に置かれているのだろうか。栗本の著作では、ヌエル族の多くは、スーダンのパリ人、エチオピアのアニュワ人を抑圧する政府軍に属していると述べている。

　国際協力関連では、スーダン内戦が注目されて、日本語でも本は出されている。その後も内戦はおさまる兆しがなく、日本の陸上自衛隊も南スーダンＰＫＯ派遣部隊に派遣され、2015 年に安全保障関連法が成立し、南スーダンでの国連平和維持活動（ＰＫＯ）に「駆け付け警護」などの新任務が加わった。自衛隊が戦闘に巻き込まれる危険性が高まったとして多くの懸念が表明されたが、2017 年 5 月、任務完了ということで全員が撤収した。このように、スーダンは、日本にとっても身近な存在になってきている。

おわりに

　エヴァンズ＝プリチャードの民族誌の多くは日本語に翻訳されている。かつてナチスドイツの下で開催されたベルリンオリンピックの記録映画を作製し

---

(3) 栗本の著書は 1996 年までの状況を扱っているが、その後、2005 年にスーダン内戦は終結し、南部スーダンは自前の政府と議会を持つに至った。そして 2011 年に南スーダンは独立をとげ、ヌエル人は政権と軍隊の中枢を占めている。しかし 2013 年になると、独立したばかりの南スーダンは内戦状態に陥った。その内戦は、エヴァンズ＝プリチャードがかつて描いたような、ヌエル人とディンカ人の民族対立という側面も有する。

たレニ・リーフェンシュタールが、ヌエル族の力強さと美しさに魅了されて、戦後何度もスーダン南部を訪れ、ヌエル族の写真集を出版している。しかし、現在、深刻な内戦のため、ヌエル族の社会も崩壊状態であることは憂慮すべき事態である。遠いアフリカのことでも、アメリカ映画「グット・ライ——いちばんやさしい嘘」（フィリップ・ファラルドー監督、2014 年制作）など、スーダン難民を主人公にした優れた映画なども作られている。南スーダンの現状について、日本でも関心を持ち続けたい。

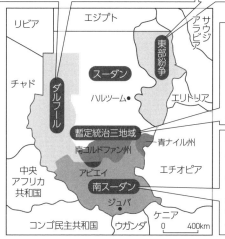

ダルフール紛争（2003 年〜）
● アフリカ系住民が武装蜂起。
● 2006 年にダルフール和平合意が主締結されるも、主要反政府勢力が参加せず、現在も内戦状態。
● 死者約 30 万人、難民・IDP 約 200 万人。
● 人道問題によりバシール大統領には ICC から逮捕状。

東部紛争（1994 〜 2006 年）
● ベジャ族等が武装蜂起。
● 2006 年に東部和平合意。
● 死者約 5 千人、難民・IDP 約 8 万人。
● 国際社会からの支援が十分に集まらず、開発から取り残されたまま。

暫定統治三地域
アビエイ地区、南コルドファン州、青ナイル州の 3 地域。
北部スーダンに位置する南部系の住民が多く居住し、南北紛争の激戦地。スーダン最大の油田地帯を有するアビエイについては、南北帰属は未確定。

南北紛争（1983 〜 2005 年）
● 第 1 次内戦（1955 〜 1972 年）から続く、アフリカ最長の内戦。
● アフリカ系の反政府勢力（SPLA）が武装蜂起。
● 2005 年包括和平協定（CPA）。
● 死者約 200 万人、難民・IDP 約 400 万人。

図 4-9　スーダンの主な紛争（宍戸　2013：24）

【参　考　文　献】

泉　靖一編　1962　『ニグロ・アフリカの伝統的社会構造』アジア経済研究所。

内堀　基光　1985　「エヴァンズ＝プリチャード――文化と意味の翻訳者」綾部恒雄編『文化人類学群像』1　アカデミア出版会。

エヴァンズ＝プリチャード　1997　『ヌアー族――ナイル系一民族の生業形態と政治制度の調査記録』　向井元子訳　平凡社。

エヴァンズ＝プリチャード　1985　『ヌアー族の親族と結婚』長島信弘・向井元子訳　岩波書店。

エヴァンズ＝プリチャード　1995　『ヌアー族の宗教』上下　向井元子訳　平凡社。

笠原　政治　1989　「親族と社会構造」合田濤編『現代社会人類学』弘文堂。

栗本　英世　1993　「サバンナの狩猟的世界――ナイル系民族の生業再考」『季刊民族学』17巻1号　pp.110-122。

栗本　英世　1996　『民族紛争を生きる人びと――現代アフリカの国家とマイノリティ』　世界思想社。

栗本　英世　1999　『未開の戦争、現代の戦争』　岩波書店。

栗本　英世　2002　「人類学と植民地の記述――植民地行政、エヴァンズ＝プリチャード、ヌエル人」山路勝彦・田中雅一編『植民地主義と人類学』　関西学院大学出版会。

サーヴィス，エルマン・R.　1991　『民族の世界――未開社会の多様な生活様式の探究』　講談社。

宍戸　健一　2013　『アフリカ紛争国スーダンの復興にかける――復興支援1500日の記録』佐伯印刷出版部。

Sharon E, Hutchinson　1996　*Nuer Dilemmas : Coping with Money, War, and the State* University of California Press.

橋本　栄莉　2018　『エ・クウォス――南スーダン・ヌエル社会における予言と受難の民族誌』　九州大学出版会。

リーフェンシュタール，レニ　1980　『Nuba』　PARCO 出版。

リーフェンシュタール，レニ　1986　『ヌバ――遠い星の人びと』　福井勝義訳　新潮社。

中央アフリカ

～ピグミーの狩猟～

は じ め に

　ピグミーは古代エジプト人からナイル川源流の「樹木の国」に住むと思われていた。紀元前400年頃、アリストテレスもナイル上流の湖水地帯に住むピグミーに言及している。「ピグミー」とは、ヒジから手までの単位を表すギリシャ語が語源であるが、これが転じて「背が低い」という身体的特徴を民族の特徴として表現するようになった。つまり、かならずしも一つの民族を指しているわけではなく、「背の低い民族」の総称とも言える。

　ピグミーは、「アフリカ未開民族」の代表として、19世紀の人類学の書籍にもしばしば言及されている。日本のアフリカ研究は、1960年代から始まり、世界的にも一目置かれている。本章のテーマであるピグミー研究も、1972年に伊谷純一郎と原子令三が調査に着手して以来、30年間にわたって代表的なピグミー系集団の全てを20名近くの日本人が調査しており、多方面の研究が日本語と英語で出版されている（市川　2001：11-16）。本章では、日本のアフリカ研究の中でも蓄積の多いピグミーを取り上げ、単に紛争や貧困の象徴としてではなく、アフリカの狩猟民世界と環境意識について紹介する。

1. アフリカの概況

（1）自　　然

　アフリカ社会は、15世紀以来、ヨーロッパによる一方的で暴力的な接触の結果、奴隷貿易などで大きくゆがめられてきた。19世紀以来の植民地支配に

よって、さらに社会の自立的発展は阻害され、第二次世界大戦後の独立を経ても、ゆがんだ社会の仕組みを引き継ぎ、植民地宗主国が導入した政治システム、間接統治のための民族対立や言語政策、宗主国の利益優先で導入されたモノカルチャー経済などが、21世紀になっても清算されていない（松田編　2014：3）。

　アフリカは、赤道が大陸の中心を貫通しているが、太陽エネルギーを受ける場所は、南北の回帰線の間を往復するので、それに応じて熱帯収束帯も南北に移動する。その移動が各地に雨季と乾季を生み出すが、西アフリカでは熱帯収束帯の移動幅が小さく、大西洋から吹き込む湿った南西季節風の影響で、ギニア湾沿岸からコンゴ盆地までは熱帯雨林気候になる（松田編　2014：43-44）。赤道直下は熱帯雨林、その南北に森林地帯・ステップ・砂漠・温帯と続く。

　アフリカでは、民族を言語区分で分類するが、大きく分けて次の5語族の系統分類である。各語族の主要な言語として、ニジュール・コンゴ語、ナイル・サハラ語、アフロアジア語、コイサン語、オーストロネシア語がある。面白いのは言語以外のコミュニケーション・ツールが多様であることだ。例えば手話が30種類あり、遠隔地との連絡にトーキング・ドラムなどの楽器も使われる。

（2）アフリカの狩猟民

　狩猟採集の歴史は古く、700万年とも言われる人類の歴史の中で、実に99％以上を占める生業様式であった。そして1万年前に始まる新石器革命を経て、人類は農業社会に移行し、それが文明社会を形成した。しかし文明社会に直接つながらなかったからといって、狩猟採集が「野蛮」や「未開」であるわけではない。確かに高度に発達した現代社会を可能にする基盤は農業の発明にあったが、我々人類の基本的文化である言語、宗教、家族などは、狩猟採集を通じて形成されたことが知られている。

　生きた動物を自らの手で殺して食べる狩猟民は、都市生活者の目からは残酷に見える。しかし現代社会は、家畜の食肉処理を人目にさらさないだけで、多くの肉を食べている。それに対して狩猟民は、獲物の動物の生態系を熟知し、

動物が生きる環境に手を加えず、結果的に自然の持続的な利用をしている。人類学者のマーシャル・サーリンズは、狩猟採集社会が、食物獲得が不定期で、飢餓状態であるイメージに異議を唱え、狩猟で食物を獲得できる生活は、豊かな獲物ができる環境にあって初めて狩猟社会が維持できるとして、これを「始原の豊かな社会」と表現した（サーリンズ　2012）。しかし、森林資源の乱伐による気候変動、環境破壊による食糧となる動物や薬草の減少、自然保護の観点から希少動物の狩猟禁止、商業狩猟と不法侵入者の増加により、現在、狩猟民の生活は大きな影響を受けている。

2. ピグミーの歴史

（1）民 族 名 称

　ピグミーに関する最古の記録は紀元前 2400 年までさかのぼり、ホメロスの叙事詩やアリストテレスの著作からヨーロッパでは早くから知られていたわりには、長らく謎の民族だったピグミーだが、1870 年に植物学者であるシュバインフルトが南部スーダンでピグミーの集団に出会い、ようやくその実在が知られるようになった（市川　1982：17）。

　1920 年代から 30 年代にかけて、オーストリア人神父のパオル・シュベスタがイトゥリの森で広範な調査して、エフェ・アカ・バスアという 3 つの異なる言語集団があることを明らかにし、彼らの身体形質・言語・社会組織・宗教について調査をした。その後、オックスフォード大学のコリン・ターンブルが調査に入った。その後、市川光雄をはじめとする多くの日本人研究者が調査をし、ターンブルの研究を、ピグミーを「気ままな森の猟人」とするイメージを伝えるのには成功したが、実証的なデータが不足していると批判した。

　ピグミー研究の専門家である市川光雄は、次のように概況と民族名称を説明している。コンゴ盆地には、異なる名称で呼ばれるピグミーが居住している。その分布は、コンゴ民主共和国東部とウガンダ、ブルンディ、ルアンダにまたがっており、これらの地域にはトゥワ、その西北のイトゥリの森にムブティ、

エフェが居住している。またコンゴ民主共和国の赤道州にはチュワ、アカ、市の西側のウバンギ川西岸にはアカ、バカヤ、バベンジェレ、さらに西のカメルーン東南部、コンゴ盆地西端の森にはバカと呼ばれる集団が居住する（図5-1）。遺伝学的研究では、コンゴ盆地の東部のムブティと西部のバカが分岐したのは2万年前と言われるが、狩猟採集という生業、物質文化、歌と踊りのパフォーマンスと、それを支える宗教、異なる言語系統に属しながら同じイントネーションでの発話など、類似した特徴が認められる。

　彼らを「ピグミー」と一括して呼ぶことは適当でない、あるいは「ピグミー」が低身長を誇張した差別的意味があるので、その使用を避ける研究者もいる。しかし、彼らが類似した文化と生活様式を持つだけでなく、環境破壊、開発という共通課題に直面し、小集団に分散した集団間のネットワーク化が進み、1993年の世界先住民国際年を契機に活発となった先住民運動から、「中央アフリカ森林帯に暮らす先住民」の総称として「ピグミー」の名称を使い始め

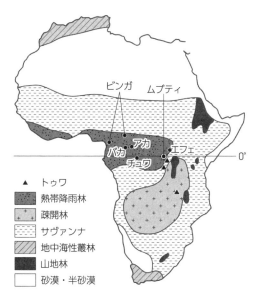

図5-1　ピグミーの居住地

た。そして現在では公的文書にも使われ、NGO 活動やエコツーリズム、ひい
ては彼ら自身が組織した NGO にも「ピグミー」を使い始めていることを考慮
して、日本の研究者も「ピグミー」の民族名称を使うようになっている（松浦
2012：7-8、市川　2021：8-10）。

　イトゥリの森のピグミーは、最もキリスト教や近代化の影響を受けない「原
始の」民族として、1980 年代から 90 年代にかけて、テレビ局の取材やジャー
ナリストが訪問しているので、日本でも人類学者以外のルポルタージュが出版
されている。

（2）歴　　史

　18 世紀の中頃、イギリスの解剖学者エドワード・タイソンは「サル、類人
猿および人類と比較してみたピグミーの解剖学」という研究を発表し、ピグ
ミーは人類でないと結論付けた。彼は、アフリカから研究に必要な骸骨を入手
したが、そもそもその骸骨がピグミーのものではなくチンパンジーだったた
め、こうした結論になった（ターンブル 1976：8）。

　ピグミーの先祖は、かつてナイル川上流に住んでいたと考えられるが、部族
間の戦争や白人の植民地支配、奴隷狩りを避けて、あえてマラリアのはびこる
イトゥリの森に定着していった。彼ら以外は、病気を避けて森に入らなかった
ので、ピグミーの死因の多くがマラリアであるのは、イトゥリの森に住む宿命
とも言える。しかし 1974 年に、コンゴでインフルエンザが流行した時、ムブ
ティ・ピグミーは、森の薬草で対応したので被害が少なかった。ただ近年は森
林伐採による自然破壊で、従来とれていた薬草が減少したこともあり、病気に
対応できなくなっている。

　コンゴの「近代化」は 1885 年ベルギー国王レオポルド 2 世の事実上の私領
になったことに始まった。それにより、ゴム採取のノルマを果たせないと手、
足、耳を切り落とされた。住民への暴力的強制労働が行われ、住民の生活スタ
イルに強制的な改変が課された。また森に棲んでいた住民は道路沿いに移動さ
せられ、政府のための強制労働を課せられた。結婚の時に花嫁方から要求され

る婚資として、現金ではなく、自らの一族の女性を代わりに差し出すこと（いわゆる姉妹交換婚）は禁止され、現金による婚資の支払いを押し付けられることによって、白人プランテーションで賃労働をする必要性に迫られた。1960年の独立後は、初代大統領がベルギーの暗躍で殺害され、32年続いたモブツ政権が崩壊すると、国名もザイール共和国からコンゴ民主共和国と変更された（澤田　2000：43-45、2001：137）。

3．ピグミーの社会

（1）バ ン ド

　1950年代から60年代にイトゥリの森でムブティ・ピグミーを調査していたコリン・ターンブルの多くの著作が日本語に翻訳されている。彼は、1970年代にイトゥリの森で調査をした日本人の報告書を読んで、雨季と乾季の出現に驚いたと告白しているが、1960年代は、アフリカで多くの独立国ができた後、アフリカ各地で森林伐採が行われて自然環境に変化をもたらし、気候変化が起きたようだ。そこで、ムブティも、不定期な移動ではなく、一定の季節による移動に変わった。

　一般に狩猟採集社会では、その居住グループのことをバンドといい、農村社会で言うところの集落に当たる。ピグミーは、父方の血縁関係をたどる父系出自集団（血縁集団）によりバンドを形成している。バンドは夫婦と子供を単位とする核家族が、少ない時は4、5家族、大きくなっても20家族程度で構成している。ムブティ・ピグミーを調査した市川は、10の集団の人口構成、血縁・婚姻関係、居住地選択、集団の再編成を数十年続け、集団のサイズや構成が季節的に変化するが、それは安定したメンバーからなる集団（バンド）の変異であること、メンバーは結婚時に原則として夫方居住となることを明らかにした（市川　2021：36-37）。

　狩猟のため相互協力が不可欠なので、彼らがいかに親密な関係を保ち、狩猟のためのチームワークを保てるか、そしていかにその分け前を平等に分配する

かが、彼らの集団を保つ重要な要素になっている。同じバンドの成員は、必ずしも同一血族ではないが、擬制的親族のように、お互いを親族名称で呼び合う。それは親近感の表現でもあるが、逆に血縁関係があっても、異なるバンドに移住した場合は親族名称を使わない。

　ピグミーは、「使い捨て」、「その日暮らし」と称されるほど積極的に物を持たないことが、「文化」と考えられるほど徹底している。頻繁に繰り返される移動のため、一人で担げる荷物と犬が唯一の財産で、生活の変化を回避し、伝統的生活形態を温存することが、彼らの生活倫理だという報告もある。しかし、現在のグローバリゼーションの波はピグミー社会にも押し寄せて、若者の中に教育を通じて都市生活を始める者も現れるような変化の兆しがある。

　狩猟採集社会の特徴として、気前のよさと平等性追求の価値観がある。狩猟で獲れた獲物の肉は、バンドの構成員に平等に分配される。蜂蜜の分配に関しては、次のような報告がある。森の中で最初に蜂の巣を見つけた所有者になる。まず、蜂の巣を見つけると、目印として蜂の巣がある木のまわりの灌木を数本、その木の方向に折っておき、蜂蜜の採取時期は所有者が決定する。採取現場にいる人は、誰もが分配にあずかる。所有者が、他の人に依頼した場合は、採取者が食べるが、かならず一部を所有者に持ち帰らなければならず、所有者はキャンプで分配して食べる（北西　2001：81-82）。

　2002 年から 9 年間、アフリカ中部のガボン共和国の森林に住むピグミーを調査した松浦直毅は、調査の経験で、食糧の分配のエピソードを紹介している（松浦　2012：37-40）。彼は 1 ヶ月近くフィールドワークをするため、食糧を大量に持ち込んだが、ある朝目覚めてみると、テントの横にあった食糧を入れた段ボール箱がほとんどなくなっていた。そうでなくても、そのバンドの人たちが調味料とか油などを貸してほしいと頻繁にテントを訪れていた。食糧がなくなったことを村長に相談したが、結局は取り返すことはできずにあきらめた。すると、それ以降獲れた動物の肉や畑のキャッサバなどの「おすそわけ」にあずかり、結果として無事に調査を終えることができた。持てる者は分け与え、持たざる者は分け前にあずかるというムブティの生活習慣を、図らずも実践し

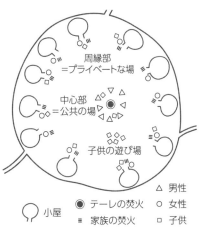

周縁部
=プライベートな場

中心部
=公共の場

子供の遊び場

△ 男性
○ 女性
□ 子供

⌒ 小屋　　◉ テーレの焚火　　≡ 家族の焚火

キャンプの空間の機能的分化

図5-2　バンドの配置

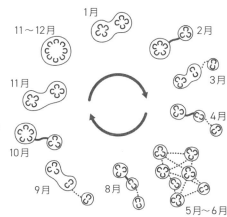

11～12月　　　1月　　　2月

11月　　　　　　　　　　　3月

　　　　　　　　　　　　　4月

10月

9月　　8月　　5月～6月

c =エンドゥ（世帯）　　=離合集散の過渡期
=分裂初期　　=分裂期

離合集散の過程を示したキャンプの一連の変化の理想モデル。この一連の変化によって、一年間を通じて葛藤の回避が図られる。

図5-3　バンドの移動（図5-2、3：ターンブル　1985：71より作成）

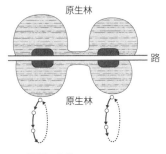

原生林

路

原生林

▬：集落
▨：耕地と2次林
○：ムブティのバンド
➔：移動経路

農耕集落とムブティ・バンドの
地域的関係（模式図）

**図5-4　農耕集落とムブティ・バン
ドの地域的関係（模式図）**
（伊谷・原子編著　1977：36より作成）

たことになった。

（2）社 会 組 織

　前述したようにムブティ・ピグミーは、父系原理の出自集団で、結婚後は女性が夫の家に移り住む夫方居住である。バンドは、図5-2にあるように、広場の中心に公共の場があり、男たちが集まっている。その周辺は、たたみ1枚程度の大きさのテントが張られ、プライベート空間になっている。弓矢猟やネット・ハンティングは、チームワークが重要なので、男性同士の結束と、団結力が重要

なのだが、彼らは親密な振舞いと裏腹に内的葛藤を抱えている。特に、食糧が少ない時や分配を忘れたなど不平等があると、親密に見えた関係は、もろくも崩れてしまう。そうした葛藤は絶えず生じ、いくら仲良く振舞っていても、一度気まずくなると、その葛藤は後に引きずりがちである。そうした社会的緊張を緩和する手段として移住がある。住居の木の葉でできたテントは、せいぜい3ヶ月程度しかもたず、補修をしてもいずれ住めなくなるので、新しい場所に移住する（図5-3）。その時、その気まずくなった家族は、バンドから離れて別のバンドへ移住する。バンドの頻繁な移動は、そのつど別れと出逢いがあり、離合集散を繰り返しながら、「仲のいい」人たちが一つのバンドに暮らして狩猟を行う。

　バンドが父系原理でできているので、別れた移住先というのは、全く無関係のところに移動するのではなく、母や妻の親戚、つまり姻戚関係をたどって探すことになる。そのため姻戚関係を安定させる必要があり、結婚の時、男性が一定の財産＝肉や現金などを女性の両親に渡す必要が生まれる。ムブティ・ピグミーで最も重要な儀礼は、女性の初潮祝いの祭りである「エリマ」と呼ばれる儀礼で、この時、母は娘に好きな男性の名前を聞きだし、男性は、自分のバンドの族長に結婚のために女性の両親に支払うべき財産＝婚資の交渉を頼み、相手が承認したら婚約が成立する。

　現金収入を持たないムブティ・ピグミーは、婚資の交渉が難しい場合があるが、そうした時に取られる方法として、前述した姉妹を交換する婚姻がおこなわれる。この「姉妹」とは、花婿の実の姉妹とは限らず、バンドの中の「姉妹」という呼称を持つ女性と他の一族＝クランの男性と女性を交換する。このタイプの結婚は、片方の結婚が破たんすると、もう片方も別れなければならず、離婚しにくくするという意味で、婚姻関係を安定させると考えられている（メア　1979）。

（3）宗教と病気

　ピグミー研究の先駆者であるシェベスタは、神学教育を受け、モザンビーク

で宣教師として活動した。1920年に文化圏説で有名なウィルヘルム・シュミットが設立したアントロポス研究所の所員となり、1926年にウィーン大学で民族学とエジプト学で博士号を取った。シュミットは最も「原始的な」民族に至高存在の観念が見られると主張し、一神教が進化の最高段階でなく、人類の宗教の原初形態であるとして、原始一神教説をとなえた。シェベスタは、シュミットの説に基づき、1929年にコンゴのイトゥリ地方を訪れ、1934年から35年、1954年から55年と調査を行った。そしてシェベスタからシュミットへ、ピグミーの詳しい民族誌的情報が伝えられた。また戦後に調査をしたターンブルも、人間や動物の精神的力を一つの源から発して、それが「森」に由来するとして、ムブティの世界観の中に「至高神」の観念を認めている（澤田　2001：132、162-164）。

　しかし、その後の日本人研究者の調査からは、これらの見解に疑問が呈されている。1970年代に調査をした原子は、ムブティの世界観の報告で、シェベスタの民族誌にあるような「創造神」は登場せず、シェベスタの調査がムブティの神を発見することを前提にしていたと批判している（原子　1984：157-163）。シェベスタと同じ地域で調査した澤田昌人も、原子の主張に同意し、ムブティやエフェの他界観を聞き取りしても「創造神」は出てこず、研究者が聖職者であったことも含めて、キリスト教的世界観の影響を強く受けたバイアスが民族誌の記述にあると警告している（澤田　2001：166-177）。

　宗教観は、時に儀礼の根拠ともなり、さらに病気の原因であったり、治療方法の原理であったりする。例えば、森を信仰の対象にしているムブティにとって、薬草の灰を患部にこすりつけることは、患者を薬草の生えていた森と同一化させることで治療できると説明している。一見治療行為に見えるが、極めて宗教的な行為である。

　ただ、実際の治療行為として、薬草を用いることもある。例えばエフェ・ピグミーやレッセ・ピグミーで、名前が付けられた病気は80種類あり、その病気に対してイトゥリの森全体に生育する751種類の植物のうち、220種類が薬として用いられていた。その薬草を疫学的に調べてみると、287種の植物中、

178 種類に薬効が認められたという。彼らは、知らない植物を見ると、におい
を嗅ぎ、葉を噛んで味を確かめたり、樹液をなめたりして、薬として使えるか
を検証していた（寺嶋　1997：138）。

　彼らは、特定の植物を薬として接種している。多様な目的、あるいは邪術で
使う毒の意味も含んでいる。バカ・ピグミーを調査した佐藤弘明は、次のよう
に薬を挙げている。豊猟・豊作のための薬以外に、媚薬、蛇の薬（解毒と蛇に遭
遇しない忌避薬）、雨の薬（雨の到来を防ぐか、降っている雨を止める薬）、遠く離れた
人を呼び寄せる薬、歌や踊りが上手になる薬、邪術を防ぐ薬、眠り薬、死霊か
ら身を守る薬、女の薬（妊娠・安産・避妊・堕胎の薬）、旅の薬（足が疲れないか、旅
行中邪術にかからないための薬）、お守り、親のいない子の薬、子供の素行を矯正
する薬などがある（佐藤　2001：213-214）。

　バカ・ピグミーの病気の語りには、動物が頻繁に登場する。病名 55 のうち
動物由来は 39 で、病因も、病の素を持つものとの接触、社会規範の違反、邪
術によるか、特定の原因によらずに自然にかかると考えている。病原性を持つ
動物や、毒を持つ動物との接触で起こる病は 35 になり、食べること以外の接
触で起こる病は 10 ある。そのうち 2 つは食用のオオトカゲを見ることでかか
る病、もうひとつは狩猟対象のベイダイカーが邪術師の手によって、あるいは
自然に睡眠中に妊婦の腹に入り、腹が膨らむ病であった（佐藤　2001：204-209）。

4. 狩　　猟

（1）伝統狩猟

　伝統的狩猟は、弓矢と槍の猟がある。特に弓矢猟には、多様な形式がある。
例えばモタと呼ばれる 10 人以上の男性による集団猟は、鈴をつけた犬が獲物
を追いかけ、それを待ちぶせした狩人が射る集団猟で、他にも森の中を一人で
歩き回り、忍び寄り、待ち伏せ、呼び寄せなどをして獲物をしとめる単独猟が
ある。森を歩きながら、食用植物を採取したり、ミツバチ・シロアリ・甲虫の
幼虫などの採集や観察などをしたりもする（原子　1977：47）。

エフェ・ピグミーを調査した寺嶋によれば、モタ猟で狩りを助ける犬の役割が大きいと指摘する。モタ猟は、狩人の機動性が高く、獲物の種類、大きさ、地形、植生に合わせて臨機応変に対応しなければならない（図5-5）。またモタ猟では、致命傷を与えた者に獲物の腰の部分を、最初の一撃を与えた者に残りの部分が分配されるが、犬の持ち主にも頭から首までと一対の前腕部の半分が与えられる。ムシロと呼ばれる狩猟には、女性も参加する。女性は狩猟が始まる前にダワ（呪薬）の植物や動物の毛皮を燃やして豊猟祈願の儀礼を行い、狩猟の間、女性は歌を歌いながら森の中を男たちと歩き、獲物が取れたら、その前足の部分をもらう（寺嶋　1997：100-101）。

　主な獲物は、ダイカー（アンティロープ＝鹿）である。ダイカーは、日中は茂みに隠れ、首を低く下げて濃い茂みの下を走り、驚いた時に深いブッシュに飛び込む習性があるので、ダイカーがブッシュに飛び込むところを狙ってネットや弓矢で待ち構える（原子　1977：72）。

　槍猟で大型獣が獲れた時は、数日にわたる祝宴を続ける。そのため集団槍猟の前夜は、歌と踊りを盛大に行って士気を高める。この祝宴の主役は槍のハンターであり、彼らが主旋律を歌い、周囲はそれに和する。歌詞は即興だが、猟でハンターが体験した事柄などを繰り返し歌う。ゾウなどの大型獣を倒した場

図5-5　モタ猟（伊谷・原子　1977：46より作成）

合、そのハンターが属しているバンドでなくても、すべてのムブディが肉を食べてもいいように大盤振舞する（原子　1977：70-71）。

　1974年にイトゥリの森で調査をした市川は、ゾウ狩を目撃した（市川　1982：81-86）。ゾウを狩るためには、弓矢や罠ではなく、槍を使う。槍は、他にバッファローやモリオオイノシシなど、大型動物を狙う時に使われるが、ゾウは大変神経質な動物で、いつも危険を伴う。ゾウ狩りに出る2、3日前から、彼らは守護神のマリモを呼んで儀礼を行い、ゾウ狩りの歌を歌って気勢を上げる。ゾウを見つけるには、彼らが「ヘコヘコ」と呼ぶ、ゾウの近くにいる黒い鳥を目印にする。その鳥は、人間が近づくと、鳴き騒いでゾウに知らせるため、「ゾウの鳥」とも呼ばれている。ゾウを倒す時は、彼らはほとんどゾウの身体の真下に潜り込むようにして、両手で握った槍を力いっぱいゾウの身体に打ち込む。ゾウの皮は厚いので、比較的皮の薄い下腹部分を狙い、うまく腹腔に槍が刺さると、槍の柄が木立にひっかかり内臓を切りきざみ、傷口から腸が飛び

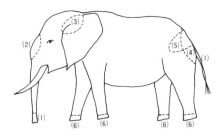

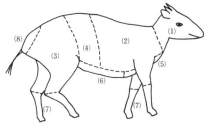

(1) セシ（鼻の先）ティナコンド（尻尾）→ブルムーサ（アミシ）
(2) ティナパタ（額）→ベセイ、カレニャーマ
(3) テショ（耳のつけ根）→アミシ、キリヨ
(4) エキリティ（尻の肉）→マテアシ、アンジーナ、サランボンゴ、ヘメディ
(5) エスアタ（骨盤の中の肉）→サランボンゴ
(6) エティンディ（足の先）→二つに割って、バブエラの成員で分ける。
(7) エダカ（舌）→ムブルク
(8) ブカメエマ（心臓）→ヘメディ
(9) バックベ（腎臓）→マンジョワ

(1) モーウ（頭）…男
(2) ムボンボ（前肢とアバラ）…獲物を運んだ者に片側を与える。
(3) キベ（後肢）他人のネットで猟をした者に片側を与える。
(4) セカ（アバラ3本分）…クンギャを焚いた者がとる。
(5) エソシ（胸骨部）…獲物の処理を手伝った者がとる。
(6) エックバ（腹部）…キャンプでコールした者がとる。
(7)(8)…ネットの所有者がとる。
内臓（心臓・肝臓・肺・腎臓・脾臓）は、女性には禁じられている。胃と腸は、女性と子供が食べることが多い。

図5-6　分配の定まっているゾウの部位
（市川　1982：95）

図5-7　中型ダイカーの解体法と分配法
（市川　1982：76）

出して絶命する。そして彼らは、ゾウが獲れると、バンドをそこまで移動させて、何日も食べ飽きるまで食べるが、肉は、図5-6のように、約10種類の部位に分けて分配される。生肉にして1トン以上の肉が取れ、毎日好きな時に食べる。かつては、ゾウを仕留めた時、毎日歌と踊りの宴が続き、村人のところに象牙を届け、そのかわりピグミーがほしいと思うものを何でも持ち帰ることができた。

　アカ・ピグミーを調査した北西功一は、狩猟によって得られた肉の分配方法を次のように紹介している。捕獲された獲物には「所有者」が存在し、明確なルールがある。肉の分配には三段階あり、一次分配で獲物の特定部分が狩猟で特定の役割を果たした人に分配される。槍猟の一次分配は、二番目に獲物を刺した槍の所有者が腰の部分をもらい、三番目の槍の所有者は頭の部分をもらう。ネット・ハンティングでは、ネットを張った人が頭をもらい、獲物を取り押さえた人が胸と腹の部分と腸をもらう。獲物の所有者や、一次、二次分配で肉を手に入れた男性は、分配を終えると、自分の手元にある肉を近親者の女性に渡し、女性はその肉と数種類の植物性食物を加えてシチューを作る。調理した女性は、シチューをキャンプにいる人たちにさらに分配する。これが最後の三次分配である（北西　2001：68-69）。

　料理の分配は、小屋の前か中で行われる。調理が終わって分配する時は、必ず小屋の前に鍋を置き、他人から見えるように分配する。料理をした女性は、分配しようとする女性に声をかけて、子供に皿を持ってこさせ、鍋の周りに並べる。皿が足りないと、鍋の蓋や大きな葉を皿の代わりにする。鍋には、女性が分けた一皿分を予備のため残しておく。大体80％は分配するので、アカの女性は、自分で作った料理の大部分を他人に分配し、自分は他人の作った料理を食べる（北西　2001：75-76）。

（2）ネット・ハンティング

　ネット・ハンティングでは、ネットを連結させて円周1キロ前後の囲いを作り、女性の勢子が地面をたたき、声をあげて獲物をネットに追い込む。この方

法だと、弓矢猟と違って技術の技巧は問われないので、老若男女問わず参加できて効率が良いと言われる（原子　1977：45）。

　ネット・ハンティングは、長さ 40 ～ 60 メートルのネットを左右で 5 ユニットずつ、両方で 10 ユニットのネットを、円弧を描くように張りめぐらし、全長約 550 メートル、その範囲 0.03 平方メートルを囲い、女性たちが外から回り込んで、動物を枝で地面を撃ち、声を上げてネットに追い込んでいく。弓矢が併用されることもあるが、通常は獲物がネットに首を突っ込んで身動きが取れなくなったのを捕まえる。この獲物を追う時の裏声や口笛が独特で、ネット・ハンティングの時にしか使われない言葉によらない音声は、人間の言語が組織的な集団猟から生まれたという説のもとになっている。彼らの口笛は「ブルータイガー 2 頭が、（ある場所の）近くにいるぞ」というような、言葉と同じくらい豊富な情報を伝達することができる（市川　1982：56-61）。

　ムブティのネット・ハンティングに関して、原子が次のような分析をしている。本来、ムブティは、弓矢猟のみで狩猟をしていたが、スーダン系の農耕民と接触して鉄器の矢じりや槍の先を知り、その後バンツゥー系の部族がイトゥリに侵入し、彼らと接触したことでネットを知るようになった。そこで、従来のモタ猟にネットを組み合わせてネット・ハンティングの技術が生まれて普及した。この狩猟法で最も大きな変化は、狩猟活動に女性が参加するようになったことだ。

　本来狩猟は男性だけで、女性は植物採集というように分業していたが、ネット・ハンティングの普及で女性も狩猟に加わるようになった。また女性が植物の採集時間を削ってネット・ハンティングに参加するので、安定して獲物が取れるようにもなった。農耕民は罠などで若干の肉を入手できるが、それよりもムブティと植物性食物を肉と交換する方が簡単なので、こちらを好んだ。そこでムブティと農耕民の間に共生関係が出来上がったが、これをどのように見るかは、研究者によって違いがある。なお、ネット・ハンティングが弓矢猟より多くの参加人数を必要とすることから、必然的に家族数と人口が増加して、バンドが大きくなる傾向がある（原子　1977：78-79、丹野　1977：124-125）。

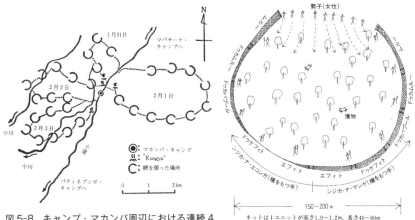

図5-8 キャンプ・マカンバ周辺における連続4日間のネット・ハンティングの場所の移動（伊谷・田中編著 1986：83）

図5-9 ネット・ハンティングの方法（市川 1982：58）

（3）農耕民との共生

　獲物の肉は、ネット・ハンティングはネットの持ち主、弓矢猟は仕留めた狩人にそれぞれ優先権があるが、基本的に獲物の肉はバンドの構成員に平等に分配される。赤道直下の高温多湿な土地なので、獲物の保存はできない。そのためその日のうちに消費することになるが、ゾウのような大きな動物の場合は、他のバンドの人たちにも大盤振舞いする。

　分配された肉は、近隣の農耕民との間で、キャッサバなどの農作物と交換する。ムブティは、農耕民や肉の仲買人を通して獲物の半数近くを農作物と交換している（市川 1982）。このように、獣肉と農作物の交換により、彼らは農耕民と共生するが、交換相手が固定的になり、農耕民の手伝いに駆り出されたり、現金が必要な税金などの支払いを肩代わりしてもらったりすることで、経済・社会的に農耕民に従属する場合もある。その結果として言語や生活様式などが農耕民と同化していく。現在、多くのピグミーが初等学校教育も受け入れ、定住化も進んでいるので、この傾向は強くなっている。

　寺嶋によれば、エフェ・ピグミーは近隣に住む農耕民のレッセとは、対照的

な生活様式なので、一見すると両者は対立するように見えるが、実際は食物の交換で相互に依存していると指摘する。レッセの農作物は狩猟で取れた獣肉や蜂蜜との交換によりエフェにもたらされるので、エフェの食物の半分前後は農作物で占められている。また、彼らの食糧交換では特定のパートナーが決まっている（寺嶋 1997：57-69）。

　寺嶋は、ムブティ・ピグミーについても、農民との共生関係が持続的で世代を超えてつながっていると報告している。村人からムブティに対してバナナ、キャッサバ、コメ、タバコの農作物や中古の衣類、日用雑貨品、斧やナイフなどの金属品がもたらされる。さらに村人はムブティに請求が来た税金を払ってやったり、婚資の世話をしたりすることがある。ムブティは獣肉、野生の果実やキノコ、大きな葉など森の産物を持参するばかりでなく、男性は原生林の開墾の手伝い、女性は村人の女性の日常家事の手伝いをする。これらは強制的ではなく、相互依存的であり、巨視的に見れば分業による共同経済システムを形成していると指摘されている（寺嶋 1984：11-13）。

　アカ・ピグミーと近隣農耕民を調査した竹内潔は、アカ・ピグミーが、ネット・ハンティングで得た獲物は基本的に自分たちが消費するけれど、農耕民から借りた散弾銃で仕留めた獲物は、頭部と内臓のみ捕獲者がもらい、その他は銃の所有者に渡していると指摘する。さらにアカ・ピグミーは、村人のために森林の開墾、除草、畑仕事、収穫や運搬、ヤシの実の採取やヤシ油作り、カヌーつくりの手伝い、日常家事、そして呪術などを手伝い、その報酬としてタバコ、大麻、ヤシ酒の嗜好品や少額の現金をもらうこともある（竹内 2001：233-234）。

5. 独立後の混乱と内乱による環境破壊

　ターンブルがムブティ・ピグミーを調査したのは、1960年のザイール独立前後だが、この時期、都市部は悪性インフレに悩まされていた。例えば、1974年から1986年の間に、イトゥリの森で現金価格が500〜1000倍に高騰するな

ど、貨幣経済は破綻していた。しかしムブティ・ピグミーは、2〜2.5 キログラムのダイカー（小型の鹿）を農民と 2 キロのキャッサバと交換しており、この時の交換比率はインフレ前と変わらなかった。貨幣を媒介しない物々交換であるため、彼らはインフレの影響を受けなかったのである。または、「物を持たない文化」であるため、彼らは貨幣経済を拒否したのでないかとも考えられる。この時期、若者の間で貨幣経済に憧れるものはバンドから離れて都会で肉体労働者になる者もいたが、苦しい労働の割には得られる賃金は安く、森で思い描いていた都市生活とは程遠かった。この悪性インフレの時期、あえて着ている衣服を脱ぎ捨て、森へ帰って昔の生活に戻る若者もいた。それは、まるでバンドの移動の時に「去る者は追わず、来る者は拒まず」とするゆるやかな人の出入りを許容する狩猟バンド原理が機能したとも言える。

　1990 年代後半から内戦状態 [1] が続いていたコンゴ民主共和国は、2002 年に和平合意を結んだ。2003 年には国連の安全保障委員会が、豊富な資源が国民のために利用される制度を形成するために、国際機関の援助を求める決議を採択した。これに基づき、世界銀行は森林制度の改革により、森林の開発と保護を住民の貧困削減に統合する「森林戦略」を立案した。コンゴ民主共和国は、2002 年に世界銀行のアドバイスにより、伐採権が付与された 4350 万ヘクタールの森林の半分の契約を違法として無効化した。これにより森林は保全林、保護林、恒久生産林に分類されたが、各地の森林で、内戦中に付与された権利を根拠に大規模伐採を始めた地域もあった。2005 年にコンゴ民主共和国のピグミー系先住民組織と支援団体が、森林開発のプロジェクトによって、それまで森林を利用していた自分たちの権利が侵害されていると世界銀行に訴えた。こ

---

(1) 1998 年から 10 年間のコンゴ東部での暴力・病気・飢えによる死者は 540 万人とも言われ、死者数を比較してみると、朝鮮戦争 500 万人、スーダン内戦 200 万人、ルワンダ虐殺 50-100 万人、インド洋津波 20 万人、東日本大震災 1.6 万人と、朝鮮戦争の死者に匹敵するほど多くの犠牲者を出している。しかし、目立たず生々しい映像がないこと、さらに慢性化した緊張状態が 1994 年から 10 年以上も続いて国際社会が「援助疲れ」の状態となり、あまり注目されていない（米川　2010：16-17）。日本の研究者も、イトゥリの森が治安悪化で調査に入れず、カメルーンなどの隣国に調査地を移している。

の運動を通じて、従来小集団に分散していたピグミー系先住民の代表者が請願書に署名して、初めて団体として自らの意見を発信した。

　伐採事業が、先住民の不利益になった事例として、1990 年代から大規模伐採を進めたカメルーンでは、伐採事業からは少数の人間が短期的な利益を得るだけで、かえって貧困化が進み、かつ伐採道路を通って外部の密猟者が侵入し、乱獲のため狩猟動物が激減した上、自然保護計画や欧米富裕層を対象としたスポーツ・ハンティングによって先住民が森から締め出されるようなこともあったからである。

おわりに

　ピグミー研究を専門とした市川は、2006 年からの森林保護の査閲活動に参加し、世界銀行の森林制度改革に関する援助事業は、森林資源に生活を依存する先住民に対する配慮に欠け、むしろマイナスの影響を与えていると報告した。その後、大規模な森林伐採が地球温暖化になるとして、世界銀行をはじめとする国際機関によって「森林炭素パートナーシップ基金」という施策が始まり、森林を抱える発展途上国の森林保護を進めることで、基金から支払を受ける仕組みが出来始めている（市川　2021：60-81）。地球温暖化対策や民族運動の動きは、かつて最も原始的と言われた赤道直下の狩猟民社会にも及んでいる。

【参 考 文 献】

伊谷　純一郎・米山　俊直編　1984　『アフリカ文化の研究』　アカデミア出版会。
伊谷　純一郎・田中　二郎編　1986　『自然社会の人類学——アフリカに生きる』アカデミア出版会。
伊谷　純一郎・原子　令三編　1977　『人類の自然誌』　雄山閣出版。
市川　光雄　1982　『森の狩猟民——ムブティ・ピグミーの生活』　人文書院。
市川　光雄　2001　「森の民へのアプローチ」市川光雄・佐藤弘明編『森と人の共存世界』pp.3-31　京都大学学術出版会。
市川　光雄　2021　『森の目が世界を問う——アフリカ熱帯雨林の保全と先住民』　京都大学

出版会。

北西　功一　2001　「分配者としての所有者——狩猟採集民アカにおける食料分配」市川光
　　雄・佐藤弘明編『森と人の共存世界』　京都大学学術出版会　pp. 61-91。

佐藤　弘明　1991　「定住した狩猟採集民バカ・ピグミー」田中二郎・掛谷誠編『ヒトの自
　　然誌』　平凡社。

佐藤　弘明　2001　「森と病い——バカ・ピグミーの民俗医学」市川光雄・佐藤弘明編『森
　　と人の共存世界』pp.187-222　京都大学学術出版会。

サーリンズ，マーシャル著　2012　『石器時代の経済学』　山内昶訳　法政大学出版局。

澤田　昌人　1999　「生前の生活と死後の生活——アフリカ熱帯雨林における死生観の一事
　　例」楠瀬佳子・洪炯圭編『ひとの数だけ文化がある——第三世界の多様性を知る』　第三
　　書館。

澤田　昌人　2000　「コンゴ民主共和国の社会福祉：永遠の共生——エフェ・ピグミーの人
　　生と死生観」和崎春日・宇佐美耕一編『世界の社会福祉　第11巻　アフリカ・中南米・
　　スペイン』　旬報社。

澤田　昌人　2001　「ムブティ・ピグミーにおける『創造神』問題」澤田昌人他編『アフリ
　　カ狩猟採集社会の世界観』　京都精華大学創造研究所。

竹内　潔　2001　「「彼はゴリラになった」——狩猟採取民アカと近隣農耕民のアンビバレン
　　トな共生関係」市川光雄・佐藤弘明編『森と人の共存世界』　京都大学学術出版会　pp.
　　223-253。

田中　二郎・掛谷　誠編　1991　『ヒトの自然誌』　平凡社。

丹野　正　1977　「ムブティ族ネット・ハンターの狩猟活動とバンドの構成」伊谷純一郎・
　　原子令三編『人類の自然誌』　pp. 97-134　雄山閣出版。

丹野　正　1984　「ムブティ・ピグミーの植物利用——とくに彼らの物質文化と野生植物性
　　食物の利用を中心に」伊谷純一郎・米山俊直編『アフリカ文化の研究』　アカデミア出
　　版会　pp. 43-164。

ターンブル，コリン・M.　1976　『森の民 コンゴ・ピグミーとの三年間』　藤川玄人訳　筑
　　摩書房 。

ターンブル，コリン・M.　1972　『アフリカの部族生活——伝統と変化』松園万亀雄・松園
　　典子訳　社会思想社。

ターンブル，コリン・M.　1985　『異文化への適応——アフリカの変革期とムブティ・ピグ
　　ミー』田中二郎・丹野正訳　ホルト・サウンダース・ジャパン。

ターンブル，コリン・M.　1974　『ブリンジ・ヌガグ——食うものをくれ』　幾野宏訳　筑摩

書房。

寺嶋　秀明　1984　「ムブティ・アーチャーのバンド構造」伊谷純一郎・米山俊直編『アフ
　　リカ文化の研究』　アカデミア出版会　pp. 3-41。

寺嶋　秀明　1997　『共生の森』　東京大学出版会。

寺嶋　秀明　2002　『森に生きる人──アフリカ熱帯雨林とピグミー』　小峰書店。

原子　令三　1977　「ムブティピグミーの生態人類学的研究──とくにその狩猟を中心にし
　　て」伊谷純一郎・原子令三編『人類の自然誌』　雄山閣出版　pp. 29-95。

原子　令三　1980　「狩猟採集民の成長段階と遊び──ムブティ・ピグミーの事例から」『明
　　治大学教養論集』(137)　pp.1-44。

原子　令三　1984　「ムブティ・ピグミーの宗教的世界──モリモとバケティ」伊谷純一郎・
　　米山俊直編『アフリカ文化の研究』　アカデミア出版会　pp. 137-164。

松浦　直毅　2012　『現代の〈森の民〉──中部アフリカ、バボンゴ・ピグミーの民族誌』
　　昭和堂。

松田　素二編　2014　『アフリカ社会を学ぶ人のために』　世界思想社。

メア，ルーシー　1979　『婚姻──夫とは何か・人類学的考察』　土橋文子訳　法政大学出版
　　局。

米川　正子　2010　『世界最悪の紛争「コンゴ」──平和以外に何でもある国』　創成社。

hapter 6

イスラム世界

～モロッコ・フェズの社会生活と聖者信仰～

はじめに

　イスラム[1] 社会の人類学的研究は欧米が中心だが、日本のイスラム研究も優れている。現在、日本語で読めるイスラム関係の著作も多く、欧米の優れた研究も翻訳がされている。日本のイスラム研究は、戦前にコーランの翻訳がされたように、1930 年代から活発になり、第二次世界大戦の時期には、中国内陸部や東南アジアのムスリムに対する懐柔政策との関係で重要になってきた。終戦直後は減少したが、中東での石油資源が開発促進され[2]、日本でもイスラム関係の学会が、日本オリエント学会（1954 年）日本イスラム協会（1963 年）、日本中東学会（1984 年）と設立され、日本語でイスラム研究の概説書、研究書が多く出版されてきた[3]。

　イスラムのイメージは、2001 年 9 月 11 日のアメリカの世界貿易センター・同時多発テロや、2015 年 10 月のフランス・パリでのテロ事件、そしてイスラム国（IS = Islamic State）の国家樹立宣言の衝撃[4] などから、マイナスイメージが大きい。イスラム教徒は、アジアとヨーロッパをつなぐ中東・北アフリカ

---

(1)「イスラム」の表記は「イスラーム」とする書籍、論文もあり、現在は両方が使われているが、ここでは参考書の書名以外は「イスラム」に統一する。
(2) 戦前までの石油生産国は、アメリカ合衆国だったが、戦後は中東が重要性を増した。1948 年の中東の原油生産量は世界の 12%にとどまったが、1953 年頃から 20%前後を占めた。主要消費地である西ヨーロッパの石油輸入量に占める中東の比率は、1948 年 49.2%が、1958 年には 80.8%に激増した。「石油便覧」第 3 編　石油産業発達史、http://www.noe.jx-group.co.jp/binran/part03/chapter01/section03.html。
(3)「イスラーム地域研究リンク集」http://islamkokkaron.sakura.ne.jp/link.html。

を中心とする広大な地域に、約 10 億人を超える強大な人口を擁しているが、彼ら全員が過激な運動を支持しているわけではなく、大半の人たちは平穏な日常生活を過ごしている。

　筆者には、一人ムスリムの友人、張承志さんがいる。彼は中国のムスリムのひとつの回民で、イスラム教の中でも神秘主義と呼ばれたスーフィズムの研究をしており、イスラム教が持つ清貧・身と心の清潔さの追求の精神を筆者に説明してくれた。彼は、文化大革命の時に、内蒙古の僻地に「下放」（学習労働）に派遣され、その地で 19 世紀末期に清朝に反乱を起こし、僻地に追放されたムスリムの後裔たちと出会った。彼は、現地で教師をしていたが、ムスリムの子供を学校に通わせようと親を説得した時、学校で一般的な教育課程を学べば学ぶほど、彼らが信じている「神」が見えなくなるではないか、と拒否された経験があると話してくれた。彼らは唯一絶対神を信じ、「神の言葉」を大成した聖典コーランを信仰のよりどころにしていた。彼はその言葉から、イスラム教の真摯な信仰に目覚めたと言う。日本人にとって、イスラム社会は、「異文化」であると同時に、イスラム教という「異宗教」であり、二重の理解が必要となっている。

　イスラム教の信仰圏は中東から拡大し、8 世紀には北アフリカ、18 世紀から 19 世紀にかけて中央アフリカ、西アフリカへと広がった。その伝播のパターンも、伝統的に、貧民層から浸透し、徐々に社会の上層が改宗して、最終的に

---

(4) イスラム国は反欧米を掲げる過激派組織。アルカイダ系など、イラク国内の過激派組織が 2006 年に合流し、名称を変えながら活動を続けてきた。2014 年 6 月、イラク第 2 の都市モスルを占領、周辺都市を陥落させ、「国家」をつくったと一方的に宣言。シリア北部のラッカを「首都」と主張する。支配地域では国家のような統治機構を築き、「県庁」にあたる行政機関や、住民を監視する宗教警察ももつ。外国人戦闘員の多くは中東や北アフリカ、欧州から集まっており、米政府は 80 ヶ国以上から 1 万 5 千人が加わっているとみる。「イスラム国」の狙いは、聖典コーランやムハンマドの教えを厳格に守る社会の実現で、少数派ヤジディ教徒の女性を奴隷にするなど、極端なことを強いる。第 1 次世界大戦中に英仏ロが秘密裏に結んだ協定に基づいて引かれた中東の国境線をなくすことも目指している。将来的には中部以北のアフリカ大陸、中央アジア、イベリア半島まで勢力を広げようとしている。ナイジェリアのボコ・ハラムなど、「イスラム国」との連帯を表明する組織もある一方、イエメンに拠点を置く過激派組織「アラビア半島のアルカイダ（ＡＱＡＰ）」など、アルカイダ系組織は拒否反応を示している（2015 年 01 月 25 日 『朝日新聞』朝刊）。

イスラム教が国教化される形態を取っている。

　イスラム社会は、一つの宗教に律せられるという意味で、異なる言語・文化を持つ異民族でも、一神教の共通性を強調している。これが宗教を通じた異民族間の一体感を生み出し、民族を超えたイスラム文化圏を形成している。しかしイスラム文化圏内でも民族・部族間で争いがあり、同じ宗教と言っても、宗派の違いから、対立を生むことがある。特に約9割のスンニ派と約1割のシーア派の違いは、開祖ムハンマドの死後に起きた世継争いにあるが、その対立は教義によるものではなく、世俗的な経済、政治要因が大きい。

　この章では、モロッコの古代都市、フェズの社会生活を取り上げ、そこの聖者祭りを紹介することで、民衆の日常生活と信仰を解説する。

1. 民衆イスラム

　2009年の人口推計によると、イスラム教徒の人口は15.7億人で、世界人口68億人の22.9%を占めた（図6-1）。2020年には世界人口の4分の1まで増加す

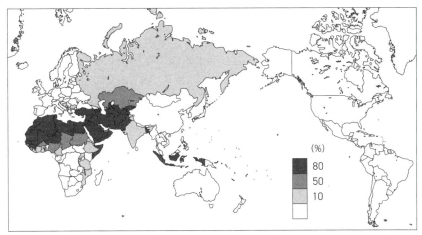

（資料）Pew Forum in Religion & Public Life, MAPPING THE GLOBAL MUSLIM POPILATION, October 2009

図6-1　世界のイスラム人口図（http://www2.ttcn.ne.jp/honkawa/9034.html、2016年11月26日アクセスより作成）

ると予測されていた。

　標準アラビア語や、その他言語の読み書き能力を十分につけた知的エリート「知識人イスラム」と「民衆イスラム」を対比させ、後者を対象とする研究は、人類学が研究対象とする領域である。かつて就学率が低く、非識字者が大半を占めるイスラム諸国が多い状況で、文字とは無縁な民衆の間での「イスラム的現象」が、1980年代から注目を集めてきた。大塚和夫の『異文化としてのイスラーム』第6章に、「民衆イスラーム論の可能性」という章があるので、そこから知識人と民衆のイスラム教の対比を紹介する（大塚　1989：135-161）。

　大塚は、オランダ・ユトレヒト大学のジャック・ヴァーデンブルグが発表した民衆イスラムに関する論文を紹介し、民衆的イスラムが持つ、知識人のイスラムにはない顕著な形態として、次の8点を挙げている。ここでは、大塚の表現を少し簡略化しておく。

① 　通過儀礼の祝い

② 　年中行事の祝い

③ 　部族選挙に結び付く巡礼や部族内の特定家族を祝う共同体的祭

④ 　生死を問わず、特定個人に宗教的意義を与える行為で、聖者信仰に通じるもの

⑤ 　自然災害など危機的出来事に対応する宗教的行動

⑥ 　祭礼の時に公認されていない行動（楽器演奏、ズィクル儀礼など）、新規の儀礼、護符や呪術の利用

⑦ 　スーフィー教団

⑧ 　特定宗派（ハワーリジュ派やシーア派）のみに見られる宗教慣行

　民衆イスラムは、ムスリム社会に不可欠な要素であり、様々な機能を果たした。そして民衆イスラムは知識人イスラムとの共通点も多く、両者を明確には区別できない。その要因は、キリスト教のような聖職者を頂点とする強固なピラミッド状の組織形態がムスリムの宗教指導者には存在せず、宗教者に政治権力者との密接な結び付きがあっても、その宗教指導者の宗教的威信を高めることにならないからだ。ムスリムの指導者の宗教的権威は、その人物が持つ宗教

的知識（コーランなどの学識や神秘的洞察力）に基づいている。

　全てのムスリムは、唯一神アッラーによって啓示され、ムハンマドによって例示された真のムスリムとしての生き方＝規範を認めており、できる限りそれに沿った人生を過ごそうとしている。そこにはタテマエとホンネの違いや、意識的・無意識的違反、規範逸脱行為はあるが、正しいイスラム知識を有する人々を尊敬し、生活の指針や人生の生き方の模範として尊び助言を求めることは、社会階層の上下にかかわらず、全てのムスリムに共通する特徴と言える。

　大塚は、最後に著名なイスラム神学者である井筒俊彦の言葉を引用している。コーランの意味を、神の言葉として解釈するのがムスリムの神聖な義務としながら「皮肉なことに、ひたすら正しい解釈を求めるゆえに、実に多くの解釈が考え出される結果となった」。だから「神学的」に唯一の解釈を求めるために、「歴史・社会」的現象として、様々な解釈がそれぞれの正当性を主張して譲らず、最終的に武力衝突を招いて悲劇的結果をもたらすのはイスラム史上よくあることだ、と結んでいる。

　イスラム社会の中で、知識人と民衆は、必ずしも対立的ではない。民衆が日常的に用いる口語アラビア語ではなく、コーランの言語に基づく標準アラビア語を使いこなすことができる知識人は、社会的に特権階層を構成している。文字を読めない一般民衆でも、読み書き能力を尊敬するので、彼らも「有文字」文化を共有しているとも言える。モロッコのベルベル人調査をしたゲルナーは、部族民が「聖なるものは、肉体化した声で語られねばならない」との指摘を受けて、大塚はこのことはムスリム民衆一般に当てはまるだろう、と結論付けている。

　コーランは、声を出して読むことが前提とされるので、「韻を踏んだ散文」とも表現され（鎌田　2015：80）、標準アラビア語で聞くと美しい詩のように聞こえる。文字が読める知識人から得られる宗教知識が、一般民衆に与える影響は絶大で、その民衆の中から読み書き能力の優れた子供が、学校教育を通じて知識人になることも可能になる。

2. イスラム教の教義

（1）コーランの教え

　コーランは、「啓示」としてムハンマドに示されたもので、彼が預言者と名乗ってから死に至るまでの23年間、天からの啓示が下りるたびに、ムハンマドは全てを記憶し、周りの者は教わった分を記憶し、文字の分かる少数者がその章句を書き留めたものである（小杉　1994：56-57）。その内容を大別すると、信仰行為・内面の信仰信条・社会生活の規範・国家に関わる事項の4種類に分類できる。このように、信仰のみならず、社会生活や国家の決まりを律する聖典であり、信仰から法律までの規範を説いている。

（2）本　　質

　イスラム文化を紹介した片倉もとこは、ムスリム社会が、人間が本来弱い存在だといさぎよく認めているから、誘惑に負けやすい状況を作らないことを命じていると紹介している。例えば、多数の男女が肌を見せて接触していると、弱い人間は乱れるに決まっているから、男女とも手首、足首まで覆い隠す長い衣服を身に着ける。性的誘惑に対し、男は特に弱いから、女は髪の毛をおおう「ベール」を身に着け、弱き男を惑わさないように協力する。また結婚の時、「お互いを永遠に愛します」などと結婚する本人に誓わせたりしない。理性や知性は神からの贈り物なので、それを磨くことがイスラム的とされるが、人間はともすれば自分を見失いがちになるので、理性を麻痺させてしまう酒や薬物は禁止した方がいいと考える。だから、結婚や葬式の儀礼で一切酒類は出てこず、パーティーのような集まりでは、コーヒーや紅茶を出し、おしゃべりで楽しい酩酊感を味わう。

　人間は本来弱いもので、シャイターン（悪魔）にそそのかされて誤りを犯しやすいので、脱線しがちな生活や社会を、つねに正しい道へ引き戻すための指針を与えるのがシャリーア（救いにいたる道・生命をうる道）だと考える。また人

間の中でも、病人、貧しい人、高齢者などは、無条件に手を差し伸べるのがイスラム的義務と考える。中東では、古いタクシーに乗って、信号待ちをするときなど、子供の物売りが来ると、少しお金を渡して「品物はいらないよ」ということがよくあるという。

（3）信　　仰

イスラム教の信仰（イマーン）には、次の「六信」と言われる信仰対象がある。

① 唯一神アッラー以外の神はいないと信じる。

② 天使の存在（マラーイカ）。アッラーの命令を忠実に実行する天使の存在を信じる。

③ 啓典（キターブ）。ムハンマドのコーランだけでなく、モーゼに与えられた五書、ダビデ詩篇など、キリスト教の聖書も含まれる。そしてコーランはアラビア語で書いてあるので、モスクに付設されている学校ではアラビア語を教えているが、これは語学ではなく、神学のカテゴリーで教えられている。

④ 預言者（ナビー）：アブラハム・モーゼ・キリスト・ムハンマド。

⑤ 死後の世界の存在（アーヒラ）

⑥ 定命（カダル）。

そして信仰の実践（アマル）は、「五行」と言われる。

① 信仰告白（シャハーダ）は、独立した三つの信仰箇条の文言で、礼拝、巡礼、断食に限らず、日常のあらゆる場面で口にされる。

② 祈拝（サラート）は、水で身体の汚れを清めてから、1日5回メッカの方向へ礼拝することである。「清潔であることは信仰の半分を成就したことになる」とムハンマドの言行録（ハディース）にある。

③ 喜捨（ザカート）は、弱者へのいたわりを宗教実践として行うことである。だから、時には乞食が一般人よりも良い暮らしをする場合がある。また不労所得の禁止から派生する利子の禁止の決まりがある。これ

によって、近代銀行の金融システムは、イスラム教の教えに反するが、利子を「高利」と「低利」に分けて、「高利」だけが教義に反するとしたり、利子を喜捨に回したりして、実質的には銀行が運営されている。

④ 断食（サウム）は、イスラム暦の第9月にあたるラマダーンの1ヶ月を指し、日の出から日没まで飲食を一切禁止することである。日の出前と日没後に食事をとるが、日中は食事をとったり、水を飲んだりすることができない。断食が免除されるのは10歳以下の子供、病人、虚弱者、高齢者、人夫、月経中、授乳中、旅人、兵士など。この目的は断食による苦しみから神に対峙し、神を思うことで、断食が終わったラマダーン明けは、断食修行の終わりという意味で、御馳走が振舞われ、一種のお祭りが行われる。

⑤ 巡礼（ハッジ）は、聖地メッカへの巡礼。

3．聖者信仰

（1）聖　　者

イスラム教は、神（アッラー）と個人が直接対面できるので、僧侶のように神と信者の間を媒介するような宗教的職能者を必要としない。しかし、偶像崇拝を禁止する厳格な一神教であっても、そこには聖なる人々をあがめる種の民間信仰的な聖者信仰が生まれた。

ムスリムは、一般に預言者・使徒に対して、特別な畏敬の念を抱くことがある。その意味で、真摯な信者は「聖なる存在」とみなされるが、厳格な意味で「アッラーに選ばれた人々」とは区別される。コーランでは「ワリー」（友・伴侶）という用語があるが、これが社会的に重要になってくるのは、8世紀にイラクで生まれた「スーフィズム」（イスラム神秘主義）との関係からである。当初は、修行者が禁欲的な生活からアッラーへの信仰を強め、特異な儀礼を通じてエクスタシー状態を通じてアッラーとの合一を目指した一部の宗教エリートが現れた。さらに12〜3世紀になって偉大なスーフィーを師と仰ぐ教団として

組織化され、広く民衆を巻き込んだ運動に発展した（大塚　1989：85-86）。

　スーフィーは、アラビア語で「神秘家」を意味するが、エジプト・シリア・パレスチナ地方のキリスト教徒が隠遁修道士となったように、俗世間から離れ、懺悔の象徴として羊毛の粗末な衣服を身に着ける、清貧に生きるムスリムを意味した（中村　1977：195-196）。スーフィズムは単一起源ではなく、様々な宗教からの影響がある。スーフィズムの禁欲主義と静寂主義はキリスト教と調和し、イエスの言葉はスーフィズム最古の聖者の伝記にも引用されている。そして新プラトン主義、マニ教、さらには仏教からも影響を受けているとも言われる。特に11世紀のムスリムによるインド征服により、仏教が東ペルシャと中央アジアに相当の影響を及ぼした。イスラム教の伝説で、イブラーヒム・イブンアドバムが王位を捨てて修行者になったバルフの王子として登場するが、これはブッダ伝記の焼き直しである。またスーフィーは仏教僧から数珠の使用を学んだとも言われる。スーフィズムの修行法にある倫理的自己修養、禁欲的瞑想、精神の集中などは仏教に由来する（ニコルソン　1996：22-32）。

　コーランは、神の超越性を強調する一方で、神と人間の親近性も強調している。そこでスーフィズムを、一種の宗教改革運動として捉えることも可能である。スーフィズムが生まれた9世紀は、アッバース朝の黄金期で、地上の繁栄期に信仰の形骸化が生まれた。スーフィーは、宗教の世俗化に危機意識を持ち、その風潮に抵抗して禁欲主義を実践した。禁欲的修業は、それ自体が目的でなく、人間が神に近づくための準備で、現世への執着を断ち切り、懺悔・律法遵守・隠遁と独居・清貧と禁欲・心との戦い・神への絶対的信頼などの内容で修行した。そして雑念を捨て、ひたすら神の名を唱えて気持ちを集中する修行「ズィクル」に進み、最高目標である無我の境地「ファナー」に到達することを目指した。その境地は、自己を全く意識しない状態＝エクスタシー（忘我）になって、修行者は神と一体化して預言者ムハンマドの原体験を追体験する。修行では、陶酔状態と覚醒状態を繰り返し、神との出会いの体験こそが、自己の内面に隠された「秘密の宝」になると考える。しかし、ファナーが失神や発作を伴うため、徐々にこのような恍惚の体験を獲得することに関心が集まり、

スーフィーの呪術化・世俗化が始まった（中村 1977：201-213）。

　しかし、スーフィーの示す「聖者」概念は、必ずしも明確ではない。カトリックは、信仰の模範となるにふさわしい信者を、死後に聖人の地位である「列聖」と認定する制度があるが、公認されない民間聖者を崇拝する習俗も存在する。イスラム教には「列聖」の制度はないが、スーフィーを中心としたイスラム教の聖者の間に「枢軸（クトゥブ）」や「指導者（ナキーブ）」など上下のヒエラルヒー（位階制）を認めている（赤堀 2005：25-26）。キリスト教の聖者は、死者だけだが、イスラム教では、生人も聖者とあがめられ、彼らは、死後も生前と同じ超能力があると信じられている。では、民衆は聖者の霊力をどのように受け入れているのだろうか。

（2）聖者の霊力

　偉大なスーフィーが聖者とみなされたのは、信仰を深めた者にアッラーから特別な祝福（バカラ）が与えられ、読心術、未来予知、空中飛翔、難病治療などの超能力＝奇蹟（カラーマ）を起こす能力を持つと民衆から信じられたからである（大塚 1989：86）。この他、聖者の伝記には、水上歩行、降雨、異なる場所に同時に現れること、息を吹きかける病気治療、死者の蘇生、遠隔操作、言葉や身振りで不快な人間を麻痺させたり首を切り落としたりすること、動植物との会話、土や金を宝石に変えること、飲食物を出現させることなどであった（ニコルソン 1996：175-176）。

　また聖者の遺品に霊力が宿っていると考えるので、民衆は聖者の霊力にあやかろうと聖者の墓に近づこうとする。聖者の「気」（リーフ）は死後も永続し、人々の夢の中に聖者が登場して様々な指示を与えるので、民衆はその指示をもらうまで聖者の墓＝聖者廟に留まることがある（堀内 1985：324）。

　聖者と聖者の間にはウィラーヤと呼ばれる聖なる力が連鎖していると考えられるので、正式なアラビア語が読めない一般大衆でも、殉教や英雄的行為によってイスラム信仰を実践する模範的人物になることができる。そこで、往々にして聖者は一般民衆に語り継がれるヒーローの伝説となり、ムスリムを抑圧する

為政者、例えば植民地統治をする総督官僚に反旗を翻す義賊として描かれる。

（3）現世利益と「取りなし」理論

　大塚は、聖者信仰が「現世利益」的側面を表すとして、これを交換論で説明する（大塚　1989：第5章）。ここでは、聖者信仰に対する理解に、知識人と民衆とで温度差があるとする大塚の説明を紹介する。

　まず「現世利益」とは仏教用語であり、イスラム教には、これに当たる概念はない。しかしコーランの中では「現世」と「来世」は明確に区別される。また「報奨・報酬」と訳されるサワーブという用語がある。その用例から、「現世及び来世」の報奨という概念があるので、「現世利益」と「来世利益」と規定することは可能だとして、大塚は次の図式から説明している。

　図6-2は、AがBにxを与えると、Bはそれを受け取り、yを反対給付としてAに返すことを示した。そこで、贈与する者として信者をAと表すと、Aが直接贈与する相手のBは「アッラー」や「ムスリム同胞」となる。次に贈与されたBからの返礼が、いつ、どこでAに返って来るかと言えば、「現世」または「来世」である。図6-3は、これを示した図である。

$$Ax \quad \rightleftarrows \quad yB$$

図6-2

　図6-4は、ムスリムAが直接アッラーBに贈与をして、その返礼は来世で受け取る場合を示す。この場合の報奨は、コーランで繰り返し説かれる楽園での至福の生活を指している。「来世利益」を約束するムスリムの宗教行為は、礼拝・断食・巡礼・信仰告白などのイスラムの日常的な中心的儀礼だが、例えばジハード（聖戦）参加による殉教のような、かなり特殊な状況も含まれる。

返礼の 時・場所 ＼ 受ける側	アッラー	人間
来　世	I	III
現　世	II	IV

図6-3

　図6-5は、返礼を「現世」において受け取ることを期待した贈与関係の図である。通常の礼拝とは異なる「個人的祈

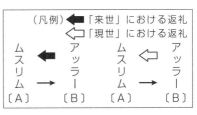

図6-4　（大塚　1989：124より作成）

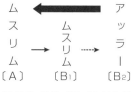

図 6-5 （大塚　1989：125 より作成）

願」をすることがあり、その場合は通常の礼拝の前後にモスクで行われることが多い。また旱魃時に共同体成員が全員で行う「雨乞いの礼拝」も、具体的な応答をこの世で受け取ることが期待される。

　　　　アッラーへの善行贈与は、現象的にはムスリム同胞に物品を提供することである。贈与する者 A の直接の相手はムスリム同胞 B1 であるが、その返礼は A の善行を認めたアッラー B2 から「来世」にもたらされると考えられている（図6-5）。例となる宗教行為は、喜捨や施しの行為で、後者の代表は祭りや通過儀礼の時に、供犠した動物の肉の一部や金銭物品を貧者に与えることである。この他、旅人や通行人へ飲料水を提供したり、水道施設、宗教施設（モスク・学校など）、公共施設（病院・孤児院など）を建設したりする行為など、いわば善行一般も含まれる。

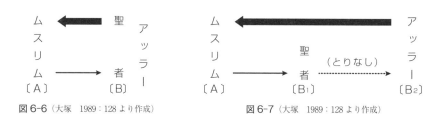

図 6-6 （大塚　1989：128 より作成）　　　　図 6-7 （大塚　1989：128 より作成）

　大塚は、聖者信仰に関与するムスリム民衆の好意を、同胞へ贈与して、提供者が「現世」で利益を得るモデルを用いて示している。前にも述べたように、聖者はアッラーから授けられた祝福の力（バカラ）によって常人に不可能な奇蹟を起こす能力を持ち、彼を頼って参詣する民衆の願望をかなえると考えられている。大塚は、エジプトのある村で聖者に眼病を治してもらったムスリムの例を挙げて、民衆が祈願する相手は「聖者」であり、救済してくれたのが「聖者」なので、返礼は「聖者」にすると考えられると指摘する。しかし、イスラム教の知識人は、聖者廟という清浄な場所でアッラーに願うのだから、病気の

治療は聖者でなくアッラー自身が行うのであり、聖者はアッラーとの仲介＝取りなしをするに過ぎないと考えている。

　厳格な知識人からすれば、聖者はアッラーへ「取りなし」と考える図6-6だが、一般民衆は図6-7のように、聖者Bと祈願者Aの間だけで完結していると考えている。そこで原理主義者は、民衆の考えが多神教に向かうおそれがあるので、図6-8を認めることはしない。

　一般に、知識人がコーランの教えを説く時、「来世利益」を強調する思想が主流だが、民衆の期待にそって「現世」を

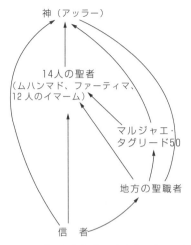

図6-8　神と信者を「取りなす」聖者の図式
（加納　1991：57より作成）

重視する側面もある。「現世利益」である招福、治病、子授け、雨乞いなども、ムスリムの日常的な宗教生活に重要だ。アッラーへの「取りなし」として聖者の役割を認める立場は、学者・スーフィー教団の間で批判が高まっている。それにもかかわらず、民衆イスラムの間で、聖者信仰は根強い影響力を持っている。

4．モロッコの古代都市フェズ

（1）モロッコの概況

　7世紀に興ったイスラム教は急速に勢力を拡大し、8世紀初頭にはウマイヤ朝がモロッコを征服したことで北アフリカのイスラム化が進んだ。更に711年にはジブラルタル海峡を越えてイベリア半島の西ゴート王国を滅ぼし、勢力をヨーロッパに伸ばした。その後、イスラム王朝は攻防を繰り返したが、マリーン朝時代（12世紀末から15世紀末）に、サーイスという豊かな平原にあるフェズに都を置いた。

近代になると、1912 年にモロッコはフランス保護領モロッコ、スペイン保
護領モロッコ、タンジールの 3 区域に分割され、1915 年にアラブ人にはイス
ラム法、ベルベル人には慣習法で裁判を行う分割統治を始めた。1930 年には
ベルベル勅令が発せられ、アラブ人とベルベル人の分割統治はさらに進んだ。
分割統治は、独立運動を抑制するためだったが、モロッコ国内で徐々に反フラ
ンス運動が盛んになり、第二次世界大戦後、独立闘争が激化して、ついに
1956 年にモロッコはフランスとスペインからの独立を勝ち取った。

図 6-9　モロッコの地図（松原　2008：17）

（2）フェズの概況

　古都フェズは、マラケシュと並ぶ観光地である。フェズの観光案内では、9
世紀以来の旧市街（メディナ）、13 世紀後半に付け加わったフェズ・エル・ジャ
ディド、1912 年にフランス保護領になった後に建設された新市街の 3 つの区
域とされる。さらに旧市街の周囲にある墓地の外側に建設された居住区、そし

て郊外に広がった高級住宅地とバラックに区分される（米山　1996：24-25）。

　フランス保護領モロッコの初代総督ルイ・ユベール・ゴンザルブ・リヨテ
(1854-1934) は、通称「リヨテ方式」と呼ばれる独自の植民地統治手法を駆使し
た統治者だった。入植者のための居住地を西洋型都市の「新市街」として、旧
市街の外に新設して地元住民との軋轢を避けると同時に、モロッコの文化財保
護行政を確立して、旧市街の保存を図った。1912 年のフェズ条約締結後、リ
ヨテは直ちに文化財保護法を公布し、各都市の歴史建築を文化財に登録して、
その建物の取り壊しや修復、移転を制限した。1914 年に規制を強化した法律
を定め、1980 年の改正を経て今日まで継承されている（松原　2008：33-34）。

（3）家 庭 生 活

　家屋の中の生活空間は男女で分かれ、厨房や風呂は女性の部屋だけにある
(図6-11)。ハレムとは、女性の部屋で、通常男性の立ち入りを禁止している。
イスラム教の教義では 4 人の妻との結婚を許しているが、これは戦争により男
性数が急減した時に発せられた命令が法律化されたことに由来している。イス
ラム法としては複数の妻との結婚を合法としているが、イスラム諸国でも 20

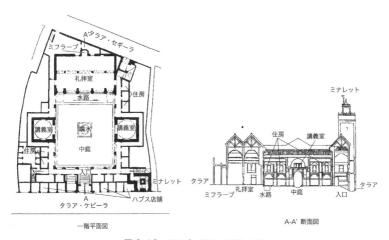

図6-10　モスク（松原　2008：39）

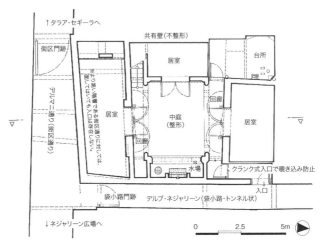

図 6-11　モロッコ・フェズの家屋配置図（松原　2008：45）

世紀になって近代立法を導入する過程で、一夫一婦制が普及しており、現在でも複数の妻帯を許す国は例外的となっている。

5. 聖 者 祭 り

(1)ムーセム（Musem）

ムーセム（Musem）[5] というモロッコ方言は、次の2つのイベントに用いられる。ここでは、堀内正樹が1985年に行われたクリブガ県ブジャド市の聖者廟祭を詳細に報告しているので、これに基づいて解説する（堀内　1985、同1989）。

①　聖者廟を中心シンボルにする祝祭。

②　アンムッガル（Anmuggar）と呼ばれるイベント。ベルベル語で「出会う場所」を意味し、必ずしも聖者と結び付く行事とは限らず、年一回の

---

(5) ムーセムや、後で出ていくファンタジアは、フランス語からの外来語。

マーケットや村内の歌や踊りの祭りなど、人々が出会う機会を指す（堀内　1989：5-6)。

（2）日　　程

ムーセムの祭りの時期は、春と秋が多く、聖者の誕生日に行う場合もある（堀内 1985：325)。ブジャド市では 10 月の初め、春の収穫が終わり、秋の種まきが始まる前で、家畜を冬の放牧地へ移動させる前の時期に行われる。具体的な日程は、参加諸部族の生業サイクルを考慮して、各部族の長老と祭りの担当者の協議で決定される。全ての部族や、その下位のセクションが参加するとは限らない。祭りを主宰する部族は、血のつながりがあるセクションの成員を自宅に泊めるなどの便宜を図っている。テントの後ろには「ファンタジア」（見世物）用の馬や、供食用の羊が繋がれている。

（3）場所・祭祀空間

祭祀の場所は、聖者廟を中心として、冬は畑となる広大な原野に、大家族単位で参加者のテントを張り、それとは別に賓客用のテントも張る。テントの場所は、一応部族単位と決まっているが、部族の下のセクションは関係なく、早いもの順にテントを張って陣取っていく（図6-12)。祭りの会場では、毎日午前 10 時から 12 時と、午後 3 時から日没まで、中央広場で乗馬イベントのようなファンタジアが繰り返される。5 〜 15 人くらいの男性が一組となって、装飾を施した馬にまたがり、一線の隊列を組んで走り出し、主賓のテントの前で馬を止めると、一斉に鉄砲を空に向けて発砲するイベントは、最も見物人が多くなる。

ファンタジアの会場では、楽団による儀礼として、ハドラ（降霊会）とズィクル（祈祷会）があり、音楽により恍惚状態（ジドバ）に入っていく人たちも出てくる。そのプロセスは、①合唱、②独唱、③掛け合い、④身体の動きを伴った呼吸に近い唱和が繰り返されるというものである。

会場では、他に音楽、歌踊や、工夫を凝らした演出などがあり、なかには男

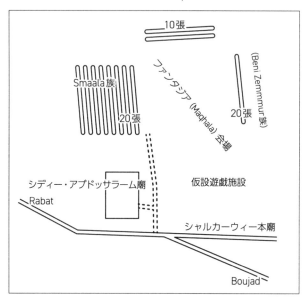

図6-12　モロッコ・クリブガ県ブジャド市の聖者祭（堀内　1989：12
　　　より作成）

性が女装し、女性が男装して聴衆を惹きつけるグループもある。彼らは、一様
に演奏が終わるとタンバリンを逆さまにして見物料を徴収し、その1割を聖者
廟に奉納する。ムーセムの期間中、参拝者は、随時聖者廟や、他の廟へ参拝し
ている。ムーセムの最後は、トアルギバと呼ばれる牛の供犠で、牛を寄進する
セクションの責任者が、雄牛をテントの前に引き出して、本廟の前まで行進し
ていく。そのセクションのメンバーが一団となってタンバリンを叩きながら聖
者廟まで行くが、彼らは音と周囲の雰囲気で徐々に興奮状態が高まる。廟に入
ると、彼らはほとんど無秩序な人の波となり、人々は墓の周りを左回りにめぐ
り、墓に被せられた金網に接吻する。その間、前庭で牛が屠殺され、喉から流
れる血を求めて人々が殺到し、我先に血の海に自分の手を浸して衣服にこすり
つけたり、ハンカチを浸したりする。それは村に残っている家族にバカラ（ご
利益）を持ち帰るためであった。供犠された牛は、廟の隅で切り分けられ、一

般参拝者に肉を売って、売上金が聖者の子孫たちへ奉納される。そうした中で、中庭では興奮した人々がトランス状態となって、髪を振り乱しながら踊り狂い、タンバリンの短いリズムと叫び声の大音響で、興奮して口から泡を吹いて失神する人が出てくる。正気に戻ると、再び体をゆすりながら踊り出すが、正気に戻らないと中央広場まで運び出されて、待機している救急車で病院に運ばれる。約2時間の騒ぎがおさまると、祭りは終わり、人々は三々五々テントをたたんで帰り始める。

（4）祭りの参加者

聖者廟の参拝者は、病気や悩み事の解決、神学の勉学を成就など、様々な祈願をするためやってくる。また信仰ではなく、遠く離れた一族が再会する機会であったり、参拝者目当ての商売や、日常品や家畜を売買する市場であったり、またモロッコ政府が推進している文化遺産の観光事業で、純粋に観光のためだけに来ている人々もいる。

（5）部族対立の調停

ムーセムの祭りは、異なる部族が集まる貴重な機会である。彼らの参加形態は固定的でなく、毎年流動的で、大枠として参加することだけが決まっている。そこで日程の決め方、供儀の牛や羊の出す頭数、聖者の子孫への贈り物、テントの配置場所、ファンタジアを誰と一緒にするかなど、たえず意見の対立することがあり、部族争いにまでなることもある。そもそも「部族」という集団自体が、フランス保護領時代に、人為的に作り上げられた集団なので、部族の分節集団単位で意見の集約が難しい（堀内　1989：19-21）。

この部族とは、基本的に血縁のある一族の集合体と想定されるが、実際の血縁関係があるわけではない。堀内は、アトラス山中のハムザ村で、聖者の子孫を調査していた時、図6-13 に示すような縦3メートル、横2メートルほどの大きさの、過去から現在に至る全男性メンバーの名前が記録された系図を見つけた。この系図は、1920 年代に、一族のウマルという有力者がフランス保護

政府の統治に協力を申し出た時、当局から一人のフランス人がやってきて、系図の取りまとめを進言したので、各家が保有していた系図「シルシラ」を、一族全員の関係が分かるようにつなぎ合わせて作成したものだった。

　この系図のデザインは、樹の根元の植木鉢上に囲まれている部分と、その上とが明確に区別されている。最初は預言者ムハンマドに置かれ、最初の6代まではイスラム世界でよく知られた神話的人物たちである。7代のイドリース・ル・アクバルはモロッコ初のイスラム王国の創設者、8代のイドリース・ル・アズハルはフェズの都を建設した人物で、モロッコ全域に彼の子孫が広がっていった。9代から23代まで、それぞれ枝分かれした人々は一族のはずだが、それぞれの血縁関係を確認できなかった。地上に芽を出すように描かれたのは24代のユースフからで、彼は最初にこの村にやってきた人だった。

　この系図は、1920年代初期に、老人の記憶をもとに作成したが、当時の生まれた子供の祖父くらいの名前が記憶の限界だったようで、名前が分からない祖先は、一括して敬称の「シディ」で呼んでいた。系図の名前には、神話の時代—英雄の時代—伝説の時代—現代という区分があった。堀内は、その系図の制作者は聖者の存在を無視しており、聖者も一族の成員にすぎず、一族の起点になることはないと分析している。そして系図には、聖者が生まれる以前から一族にとって重要な人物、つまり一族内の集団関係を説明するのに都合の良い人物を強調している。そうかといって親族原理を優先するわけでもなく、直系と傍系を区別しない父系の系譜は、理想形として「分節」となり、それぞれの集団の人数がバランスを保っている。こうして偏りのないピラミッド状の系統樹ができ始め、「国家なき社会」で秩序が維持されるシステムが構築されている（堀内　1991：107-114）。

　この系図が示すように、部族の基礎となる一族の構成は、必ずしも血縁関係を厳密につなげたものではない。もしも、血縁関係を厳密に維持するならば、その末端の支族の数は図6-14のように不均衡になるはずだが、実際は図6-15のように末端の人数を合わせるようにバランスを取って集団を作っている。

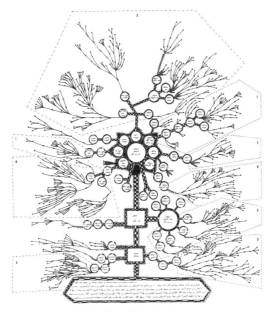

（注） 1．図中の破線部A〜Ⅰの名称は112ページに示した。
　　　　2．なお，本文中でA〜Ⅰはそれぞれ（A）〜（Ⅰ）と表示した。
（出所）　現地の手書きの図を筆者が修正した（修正方法は107ページ参照）。

図 6-13　系図（堀内　1991：108）

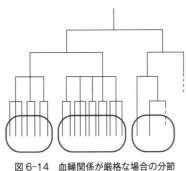

図 6-14　血縁関係が厳格な場合の分節

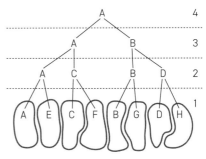

図 6-15　血縁関係が緩やかな場合の分節

6.「聖者」の役割

　イスラム社会の全般的な概説書のみならず、ナショナリズムと人類学の関係を先駆的に研究したアーネスト・ゲルナーは、1955年代からモロッコのアトラス山脈地帯で聖者の社会的役割を調べていた。彼は『アトラスの聖者』(1969年) を出版したのち、アトラス山脈での聖者の役割を次のように分析している。

①　部族制度は、植民地宗主国の枠組みで作られたので、その後混乱した。聖者は、部族政治に欠如する「連続性と安定した枠組」を提供した。例えば、選挙はしばしば投票をめぐって争いが起きるが、屋内での争いを禁じるモスクで投票させるので、世俗の長を選ぶ選挙に必要な安全な投票を確保できている。

②　聖者は「法体系における基礎」を提供している。合法的な決定機構は集団的な誓いに基づく裁判であり、事件の種類により共同宣言者を一定数必要としている。

③　聖者とその一族は、部族間、氏族間の「仲裁者」となる。聖者とその一族は、物理的にも重要な領域の間に立っている。例えば、両者の境界にいることで、異なる部族・氏族間の交易を可能にしている。だから近隣部族のマーケットを訪問する部族は、聖者とその一族の居住地を通ってマーケットへ行く。この時武器は聖者とその一族の居住地に預け、さらに聖者やその一族の代表に伴われて市場に行く。

④　聖者とその一族は、多くの部族やその支派の間で「調整者」の役割を果たす。部族民は、聖者の息子や親族を「実際の」聖者として選ぶ。部族民により聖者として尊敬される人は、平和的に、また非難されず他者に対応できる人物である。聖者でない人物が聖者のように振舞えば、非難されるだけである。また尊敬された聖者は、多数から寄贈を受けて裕福なので、寛容な行為が可能となる。

⑤　聖者は、部族民をイスラムのシステムに関連付ける役割を果たす。聖
　　者は、預言者の子孫として、彼の傘下にある部族社会をイスラムのシス
　　テムに関連付け、地方の社会政治を明確に遂行する貴重な役割を果た
　　す。

　聖者信仰は、土着信仰の意味で用いたり、また歴史上マリーン朝が解体した
15 世紀から 17 世紀にかけて、聖者たちに率いられた政治勢力の群雄割拠した
歴史状況を指したりすることもある。このように聖者信仰は、モロッコ社会
で、社会秩序の維持やイスラム教の実践をする上で、社会と宗教のバランスを
取っていることが分かる。

おわりに

　7 世紀前半に西アラビアの一隅で生まれたイスラム教は、宗教的・軍事的一
大勢力となって地中海文明・東ローマ文明を征服し、サラセン帝国の黄金時代
に、イスラム文化の華麗な統一性が生まれた（井筒　1991：116）。中東と北アフ
リカ、さらに東南アジアにまで広がるイスラム社会を対象とする人類学の研究
は、理論面でも影響力を持ったアメリカのクリフォード・ギアツや、イギリス
のゲルナーによって進められた。ギアツは、インドネシアとモロッコのイスラ
ム社会を比較して、モロッコ国王自身が聖者とされる特色に着目して、人類学
で 19 世紀からジェームズ・フレイザーによって展開された「聖なる王」の議
論に結び付けた（ギアツ　1973）。またゲルナーは、本文でも触れたように、ア
トラス山脈の聖者が調停者として国家に代わる社会秩序の維持機能を分析した
（赤堀　2008：106）。

　日本から遠く離れていると思われたイスラム社会だが、グローバリゼーショ
ンの影響で、日常的に彼らと接する機会が増えている。最初に触れたように、
イスラム社会を理解するためには文化だけでなく、宗教からも理解せねばなら
ない。イスラムの普遍的対立項は、キリスト教やユダヤ教のような異教ではな
く、「クフル」（無信仰）だという指摘もある（井筒　1991：122）。マザーテレサの

「愛の反対は憎しみでなく無関心です」という言葉を彷彿させるが、多くの日本人が無宗教であることを考えると、イスラム社会の理解は、日本人にとって容易ではない。しかし、日本とイスラム世界とは決して無縁ではない。かつて、第二次世界大戦の時、米軍空母を攻撃する日本の神風特攻隊を自殺攻撃（suicide attack）と恐れ、自殺に駆り立てる軍国主義と天皇制を分析した、ルース・ベネディクトの『菊と刀』は、日本文化を理解する上で、最も評価の高い人類学の研究になった。現在、イスラム系の自爆テロが、間接的な形で日本の特攻攻撃に影響を受けているとするタラル・アサドの『自爆テロ』（2008年）という研究がある。世界の現状や、それを理解し、解決に導くための糸口もイスラム研究から学ぶことができる。

【参 考 文 献】

赤堀　雅幸　2005　「聖者信仰研究の最前線──人類学を中心に」赤堀雅幸・東長靖・堀川徹編『イスラームの神秘主義と聖者信仰』　東京大学出版会。

赤堀　雅幸　2008　「聖者崇敬の祭り、精霊信仰の集い──モロッコとエジプトを舞台に」赤堀雅幸編『民衆のイスラーム──スーフィー・聖者・精霊の世界』　山川出版社　pp. 103-129。

アサド，タラル　2008　『自爆テロ』　苅田真司訳　青土社。

池内　恵　2002　『現代アラブの社会思想──終末論とイスラーム主義』　講談社。

池内　恵　2015　『イスラーム国の衝撃』　文藝春秋。

石田　進　1987　「イスラームの無利子金融の理論と実際」片倉もとこ編『人々のイスラーム──その学際的研究』　日本放送出版協会。

板垣　雄三編　2002　『「対テロ戦争」とイスラム世界』　岩波書店。

井筒　俊彦　1990（1979）　『イスラーム生誕』　中央公論社。

大川　玲子　2013　『イスラーム化する世界──グローバリゼーション時代の宗教』　平凡社。

大川　周明　1992　『回教概論』　中央公論社。

大塚　和夫　1989　『異文化としてのイスラーム──社会人類学的視点から』　同文館出版。

大塚　和夫　2000　『イスラーム的──世界化時代の中で』　日本放送出版協会。

大塚　和夫　2002　『いまを生きる人類学──グローバル化の逆説とイスラーム世界』　中央公論新社。

大塚　和夫　2004　『イスラーム主義とは何か』　岩波書店。

大野　盛雄　1971　『イスラムの世界——風土・宗教・文化』　講談社。

片倉　もとこ　1991　『イスラームの日常世界』　岩波書店。

加納　弘勝編著　1991　『中東の民衆と社会意識』　アジア経済研究所。

鎌田　繁　2015　『イスラームの深層——「遍在する神」とは何か』　NHK 出版。

ギアーツ，C.　1973　『二つのイスラーム社会——モロッコとインドネシア』　林武訳　岩波書店。

私市　正年　1996　『イスラム聖者——奇跡・予言・癒しの世界』　講談社。

私市　正年・佐藤　健太郎編　2007　『モロッコを知るための 65 章』　明石書店。

ゲルナー，アーネスト　1991　『イスラム社会』　宮治美江子・堀内正樹・田中哲也訳　紀伊国屋書店。

酒井　啓子編　2011　『〈アラブ大変動〉を読む——民衆革命のゆくえ』　東京外国語大学出版会。

鷹木　恵子　2000　『北アフリカのイスラーム聖者信仰——チュニジア・セダダ村の歴史民族誌』　刀水書房。

張　承志　1993　『回教から見た中国——民族・宗教・国家』　中央公論社。

東長　靖　1996　『イスラームのとらえ方』　山川出版社。

中村　廣治郎　1977　『イスラム——思想と歴史』　東京大学出版会。

中村　廣治郎　1998　『イスラム教入門』　岩波書店。

ニコルソン，R. A.　1996　『イスラムの神秘主義——スーフィズム入門』　中村廣治郎訳　平凡社。

堀内　正樹　1985　「モロッコのイスラーム——聖者信仰の概要と事例」『民族學研究』50 巻 3 号　pp.322-333。

堀内　正樹　1989　「聖者シャルキーの祝祭——中部モロッコのムーセム（聖者祭）について」『日本中東学会年報』第 4 巻 1 号　pp.1-43。

堀内　正樹　1991　「モロッコにおける聖者をめぐる社会意識——聖者ブ・サレムの子孫たち」加納弘勝編『中東の民衆と社会意識』　アジア経済研究所　pp. 85-125。

堀内　正樹　2014　「世界のつながり方に関する覚え書き」『成蹊大学文学部紀要』49 号　pp.61-85。

堀内　正樹・西尾　哲夫編　2015　『〈断〉と〈続〉の中東——非境界的世界を游ぐ』　悠書館。

松原　康介　2008　『モロッコの歴史都市——フェスの保全と近代化』　学芸出版社。

hapter 7
トロブリアンド諸島の母系社会とクラ交易

　トロブリアンド諸島は、ニューギニア西北海上に浮かぶ島々である。この島々で行われている「クラ」交易と母系社会を紹介した有名な民族誌があるので、一般には知られていないこの島々が、人類学では有名である。「クラ」とは、宝飾品の腕輪と首飾りの交換を通じた交換で、実生活には役立たない装飾品の交易であるにもかかわらず、男たちは命がけで航海をして交易に臨んでいた。近代人類学の父といわれるブロニスラフ・マリノフスキー（図7-1）は、長期間ここに滞在し、現地語を修得してフィールドワークを行い、一見無意味に見える交易の裏側に彼らの文化体系を見出し、さらに現代社会に通じる人類の普遍性にまで考察を広げた。さらに彼は、西洋の社会制度と全くかけ離れたトロブリアンド諸島の母系社会を分析して、当時流行していたジークムント・フロイトが説いた深層心理学の学説を批判し、エディプス・コンプレックス（男子が母親に性愛感情をいだき，父親に嫉妬する無意識の葛藤感情）はトロブリアンド諸島民のような母系社会には適応できず、フロイト理論は父系の西洋社会に限定されると主張して、人類学の普及に貢献した。

1. マリノフスキー

　彼は1914年から1918年にかけて3回ほど現地調査をしたが、彼のフィールドワークは、必ずしも計画されたものではなかった。彼がイギリスで人類学の勉学を終えてオーストラリアを旅行していた時に、第一次世界大戦が勃発し

た。彼はオーストリア国籍だったことから、イギリス領では敵性外国人とみなされて出国できなくなった。パプアニューギニアには行くことができるので、トロブリアンド諸島に足止めされたことが、戦争が終わるまでの長期滞在になった。彼は現地語をマスターし、現地の人たちと直接話をしながら情報を集めたことで、日常生活の深い部分まで理解できた。

　それまでの人類学者は、探検旅行の短期間調査で通訳を雇うか、あるいは「未開社会」に赴いた宣教師・旅行家・植民地官僚の報告をもとにした文献を利用して研究をしていた。それに対してマリノフスキーは、研究者自らが現地語をマスターし、現地に住み込んで参与調査をする、フィールドワークという方法論を確立した。彼は、それまでの研究者を「安楽椅子の人類学者」と批判し、通訳を通さずに現地の人たちと交流し、そこから新しい課題を見つけて「未開社会」を描くことに成功した。

　マリノフスキーは、名前からも分かるように東欧出身である。ポーランドの古都クラクフに生まれ、父は著名なスラブ語[(1)]学者だったので、彼の卓越した語学力は父親譲りだったのだろう。彼はこの地で物理学と数学を専攻して学位を取得したが、その後一時期病気になって入院した。そこで偶然、ジェームズ・フレーザーの著作『金枝篇』を読み、人類学に転向しようと決心し、1919年にロンドン大学へ留学した（堀　1959：4）。

　フレーザーは、後にマリノフスキーが批判する「安楽椅子の人類学者」のモデルとなる。フレーザーは、宣教師・旅行家・植民地官僚などが書いた報告書から「未開社会」の伝承を集めて、いかに聖書の物語に近い伝承が、世界中に

図7-1　ブロニスラフ・マリノフスキー
(Bronislaw Malinowsky, 1884-1942)

---

(1) 東ヨーロッパから西ロシアにかけて、ちょうどウクライナ周辺のスラブ系諸民族が話す言語。

広がっているかをまとめた。フレーザーは、16世紀から新大陸やアフリカ・アジアに進出したヨーロッパ人が、ヨーロッパと異なる社会に遭遇した経験を集大成した最初の研究者と言える。そんな彼の著作は、文学や詩や思想に大きな影響を与えた。しかしマリノフスキーは、自らの調査経験を通じて、そうしたヨーロッパ人の枠組みから人類を研究することはせずに、「未開人」の目から世界を見ると、どのように映るのかという観点で研究し、大きな反響を呼んだ。そして最初の著作『西太平洋の遠洋航海者』（1922年）で、実生活には役に立たない、一見無意味に見える帆船交易（クラ交易）の社会的意義をあきらかにした。

　またマリノフスキーは、20世紀になってフランスのエミール・デュルケムが確立した社会学と、フロイトの深層心理学によって注目されていた性をめぐる心理・社会・文化の問題を取り上げ、「未開社会」の性観念が、極めてヨーロッパと異なっており、フロイト心理学も、父から息子へ継承する父系社会を前提としたヨーロッパ文化、あるいはキリスト教社会にしか適用できないと主張した。『未開人の性生活』（1932年）と題した本は、ヨーロッパのような父系制とはかけ離れた母系制の社会を、生殖観念・性行為も含めて描いた点で、当時のヨーロッパ社会において大きな反響を呼んだ[2]。

2．メラネシアの概況

　メラネシア人とは「黒い島々の人々」という意味で、中部太平洋諸島に住むポリネシア人とは著しく異なるため、このように呼ばれるようになった。メラネシアの一部は、ヨーロッパの植民地にならなかったので、大きな社会変化が起きなかった。1527年にポルトガル人がこの地域を初めて「発見」し、その

---

[2] 現地の視点で原始文化を記述したことで高く評価されたマリノフスキーも、ポーランド語で書いた日記には、フィールドでのストレスから現地の人々への悪態を記していた。その日記が公刊され、フィールドワークのパイオニアとして人類学の祖とあがめられていた偶像が一気に崩れてしまった（マリノフスキー　1987）。

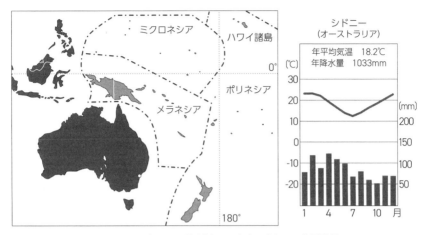

図7-2 メラネシア・ポリネシア・ミクロネシアの位置関係

後も異なる数ヶ国の船に再発見された。しかし、港が少なく現地民も貧しく見えたので、ほとんど探検が行われなかった。有名なキャプテン・クックなども、この島々を再発見したが、19世紀までは捕鯨業者と貿易商人が給水のために立ち寄り、わずかな交易をする程度で、クックが訪れたのも大きな島に限られていた。

　19世紀後半になると、ヨーロッパからやってきた人々が労働力確保のために「黒人奴隷誘拐」を行い、フィジーの大規模綿花農園やオーストラリアの砂糖農園に売却する事件が発生した。これにより、現地民はヨーロッパ人を警戒し、ヨーロッパ文化を受け入れようとはしなくなった（サーヴィス　1991：161-163）。

　当時、トロブリアンド諸島の現地民に最も接触したのは、キリスト教の宣教師だった。マリノフスキーは、宣教師がキリスト教道徳の基本である「父と子」の神聖な結び付きをトロブリアンド諸島の島民たちに説明するのは困難だったと解説している。それは「父と子」の関係が、父系制に密接に結び付いているからである。父が家庭の支配者であることは、ヨーロッパ社会の価値観を反映しているが、トロブリアンド島民は、母系社会という全く異なるシステ

ムなので、キリスト教の教義をばかげたものだと考えていた。だから彼らは父系の考え方を認めることができず、宣教師が嘘をついていると、強い嫌悪感を持ったという（サーヴィス　1991：179〜180）。これについては、第4節の母系制で詳しく説明する。

　ニューギニアは、山の多い大陸的な島で、内陸に達するのは困難で、海岸付近も堡礁・沼地・岩などで、原住民が船で上陸することさえ難しい。図7-3は、ニューギニア本島と東部島嶼部の民族分布を示した地図だが、トロブリアンド諸島の周辺はマッシム人として示されている。この海域は、クラと呼ばれる遠洋航海交易が盛んな地域で、この地図で分かるのは、クラ交易をする地域が文化的に一様であることである（マリノフスキー　1980：96〜97）。島ごとに言語は異なるが、隣の島からクラのためにやってくると、彼ら同士はクラの共通語で会話が成り立つので、言語的にも類似している。

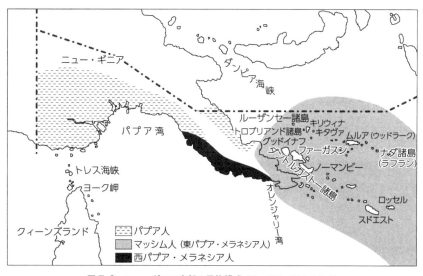

図7-3　ニューギニア東部の民族構成（泉　1980：95より作成）

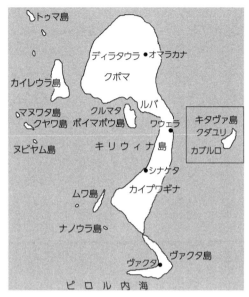

図7-4　トロブリアンド諸島（泉　1980：117より作成）

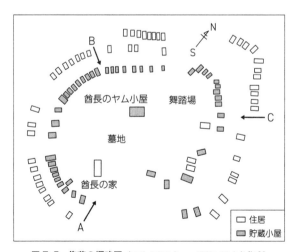

図7-5　集落の概略図（マリノウスキー　1968：25より作成）

図7-6　家屋（小坂恵敬氏提供）

ちなみに、マリノフスキーが長期滞在したのは、ボヨワまたはキリウィナと呼ばれている島にある村で、熱帯の密林の中にある。浅瀬の入り組んだ水辺を通って入り江を入ると、密林が切り開かれたヤシの森がある景観こそが集落のしるしになっている。

マリノフスキーが調査で住み込んだオマラカナ村は、キリウィナ島の中心地だった（図7-4）。この村には、この一帯で広く知られた有力な首長（ヘッドマン）が住んでいた。集落は東海岸にそって内陸部の平野と海に面しており、肥沃な土壌にはタイトウというヤム芋の一種が栽培されていた。集落の周辺は果樹・シュロ・原生林に囲まれ、村の中心に大きな広場があり、同心円を描いた二列の家並みがある。外側が住居で、内側は主食のヤム芋の貯蔵小屋になっていて、広場の中心に首長の大きなヤム芋の貯蔵小屋がある。面白いのは、人が住む住居よりも、ヤム芋小屋の方がきれいな装飾を施されていることだ。そして図7-5のAからBの間の小屋は、首長の複数の妻たちが住み、AからCまでは首長の母方親族が住み、残りのBからCまでが首長の子供でもなく、親族でもない一般の村民が住んでいる（マリノフスキー　1957：20-22）。なお、一軒の小屋には、夫と妻、そして小さな子供で構成された一家族が住んでいる。成人や成熟した少年・少女は、2人ないし6人くらいが共同で独身者用の家で生活している（マリノフスキー　1980：124）。

3. クラ交易

（1）クラ交易の概説

　トロブリアンド諸島で行われているのがクラ交易である。これは、円錐形の貝の上下を取り去って磨いて作った腕輪の「ムワリ」と、貝を加工して作った首飾りの「ソウラヴァ」を、ニューギニア東海上の島々で交換する交易である（図7-7）。このクラの贈り物は「ヴァイグア」と総称されるが、これらはクラに参加しない集落で製造され、食料や貨幣と交換されている。そしてこれが一旦クラ交易に持ち込まれると、首飾りと腕輪の交換が、有力者は有力者と、平民は平民と、というように、等しい社会ランクを持つ者同士で交換される。そしてクラ交換の秩序の中で一定の評価を受け、首飾りと腕輪を占有した人の個性も付け加わり、宝飾品は名前・人格・歴史・伝説を持つようになる（ゴドリエ　2000：117）。

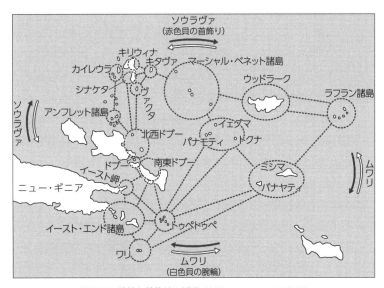

図7-7　腕輪と首飾りの循環（泉編　1980：147より作成）

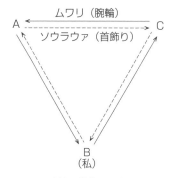

図 7-8　腕輪と首飾りは大きな循環
（山口　1982：24 より作成）

この腕輪と首飾りは、短期間所有して、次の相手に渡すだけのもので、特別な儀式的踊りや大祭のような重要な儀式だけに身につけることが許される装飾品である。この交易をするため、男たちは命懸けの航海をして他の島に渡り、特定のクラの相手との間に、長年にわたる貸借関係を結ぶ。しかし、クラの相手は、単に友情で結ばれているのではなく、時には交渉の駆け引き相手として敵意と打算を含む緊張した関係でもある。

この腕輪と首飾りの循環をモデル化したものが図 7-8 である。この図を用いて宝飾品の流れを説明する。自分を B とすると、B から C へ腕輪が行くと B から A には首飾りが行く。つまり腕輪は A→B→C→A と回り、首飾りは A→C→B→A と循環する。結果的に、腕輪と首飾りは大きな

図 7-9　ムワリ（小坂恵敬氏提供）

循環の逆方向に回転している。こうやって、クラの直接の相手との関係を超えて、個人がより広範な循環の中に位置付けられる（山口　1982：24-25）。

　クラは、基本的に決まった相手とすることになっている。そのため、相手との協力関係は、単に腕輪と首飾りの交換だけではなく、社会的紐帯で結び付いている。基本的に、クラの相手は、それぞれをもてなす義務でつなぎとめて、気前よく振舞い、取引相手から有利な条件で腕輪と首飾りの交換をしようとする。しかし、実際のクラの交渉を見ていると、まさに「交渉」と呼ばれるのにふさわしいような、かなり激しい応酬が繰り返される。クラと同時に、通常の

特産品や食料の交易も行われるが、腕輪と首飾りの交換は、実利性を伴わないだけに、極めて象徴的な意味を持つ。現実的利益を伴わない腕輪と首飾りの交換に、彼らはどうしてここまで情熱を傾けてこだわるのかというと、「ものを所有したい」という深い欲望をみたそうとしているからだという（マリノフスキー　1980：332）。

（2）クラ交易の社会的機能

　クラ交易で交換される宝飾品（腕輪と首飾り）にだけ注目するから、現代人にとってその本質的な意味が分かりにくいので、日本の状況に置き換えて説明しよう。高校野球の優勝旗を例にとると、そのものの価値よりも、それを獲得するまでのプロセスが大事であることが分かる。つまり、優勝旗の旗そのものは、商品として購入することが可能だが、大事なのは試合に勝ち、最後に授与式を経て優勝旗を手に入れるをことに意味がある。そして優勝旗は、優勝校が１年保管して、翌年、それを返還してから、改めて競技を始めるのだが、これはクラにとても似ている。実際、儀式に使う腕輪と首飾りをずっと所有することは許されず、クラ相手に渡す一定期間のみ、それらを保管して所持することが許されるだけである。それぞれの腕輪と首飾りには、固有の名前や物語があり、高名な腕輪や首飾りを手に入れることは、自分に威厳をつけ、存在感を高めてくれる（マリノフスキー　1980：333）。換金できる富や金目のものを含んだ装飾品ではなく、その宝飾品を持つだけで「心が休まる」「ほっとする」というように、いわば現在の貴金属とか骨董品に相当するものと考えれば分かりやすいだろう。しかし、クラは宗教的な意味合いもかねられている。例えば誰かが病気になって治療を願う時に、クラを行い腕輪や首飾りを交換して持ってきて、病人を「気持ち良くさせる」であったり、病気の原因である「悪霊を払う」ことで、治療を期待するということが観察される（マリノフスキー　1980：334）。

　クラが我々にとって奇異に思われるように、トロブリアンド諸島民にとって、日本人が野球に熱狂するのは理解できないだろう。しかし文化の違いを超えて、その根底にある原理を説明すると、両者は納得することができる。

しかし、腕輪と首飾りの交換による循環がクラを成り立たせる前提でありながら、腕輪と首飾りを保持したいために独り占めする人間が出てくる。そうすると腕輪と首飾りの循環が止まり、いわばコミュニケーションができない状態が生まれる。交換した物を独り占めした人間がいると、クラの交易循環が滞るので、クラ・リングの仲間から糾弾される。高校野球の優勝旗を返還しないということが許されないように、クラでも交換物の循環を止めることは許されない。万が一、独り占めが長く続くようなら、その人物はクラ・リングの仲間から呪いをかけられ、交換物を持つこと自体が危険になることもある。

　ところで、聖書にも「始めに言葉ありき」とあり、日本でも「言霊・言魂」（ことだま）のように、言葉には霊力が宿るとされる。言葉が持つ超自然的な力は、トロブリアンド諸島でも、儀式や日常生活で極めて重要な意味を持つ。マリノフスキーも、クラでの交渉、遠洋航海に出た時に魔女を追い払う呪文や、ヤム芋畑でとなえる芋を生育させる呪文など、言葉が果たす社会的役割を詳しく記述している。呪文の「ことば」で願いを表すということは、曖昧な状況に名前を与えることであり、社会的価値観の表明なのである。呪いの言葉が持つ超自然的な力は、社会をコントロールする力、あるいは知恵でもある。その一方、天気予報などは、単なる予言ではなく、自然を読み取る能力と民俗知識の集積でもある。

（3）クラ研究の展開

　マリノフスキーのクラの報告は、その後、マルセル・モースの『贈与論』（1923-24年）で理論的に分析されたポトラッチと並んで、フランス社会学の交換論に大きな影響を与えた。

　1970年代になって、マリノフスキーが調査した場所から離れたクラ・リングの場所で調査をしたアネット・ワーナーとフレデリック・ディモンの研究から、マリノフスキーの研究では判明しなかった新たな発見があった。その一つに、多くの島では族長と名門の男だけがクラに熱中できたが、マリノフスキーが調査したキリウィナ島だけは、有力首長だけでなく普通の男や、時には女性

も参加することができた。それはキリウィナ島では、腕輪と首飾りがクラ以外に何の役にも立たなかったのに対して、他の地域では、それらがクラの交換以外に、親族間の贈与や、成人儀礼、葬儀の時にも広範に使われるような違いがあるからであった。

　またキリウィナ島では政治的地位が固定され、それが継承される一方で他の地域ではクラの名声を得ることで有力者になることができた。さらに、クラで循環する装飾品は全て手工芸品で、貝殻を磨いて切断する労働量によって価値が決まり、そのサイズや光沢で一定のランクに分類されることが分かった。今では、観光客へのお土産品として売ることが好まれているが、カヌーや豚との交換や、あるいは殺人事件などで賠償が必要な時に差し出すこともでき、最終的にクラの交易に投入することもできる（ゴドリエ　2000：115-135）。このように、マリノフスキーの民族誌は半世紀を経て、次の世代の人類学者たちによって洗練され、乗り越えられている。

4．社会と母系制

（1）性肯定社会

　人類学の研究領域で、セックスの比較研究がある。社会がいかに「性」を受け入れているかによって、性否定社会と性肯定社会に分類している。性否定社会の例として、セックスについて極めて厳格なイギリスのカトリックがある。性交は生殖のみしか許されず、不倫や性的快楽を目的とした性行為（マスターベーションなど）は、厳しく制限される。それと対照的な性肯定社会の例として、トロブリアンド諸島民が挙げられる。では次に、母子だけにしか親子関係を認めていないトロブリアンド諸島の母系制とその原理について説明する。

　トロブリアンド諸島では性行為に規制がない、とマリノフスキーは報告している。子供たちは、大人の性行為を観察し、セックスの話を聞いて育つ。女性は、初潮が始まる前から性行為をすることもある（マリノフスキー　1967：54-55）。更に子供たちがある程度大きくなると、若者たちは独身の男子と独身の

女子が集まる特別な建物で共同生活を営む。これは若い恋人が1、2時間かくれてセックスをする場所にもなる（マリノフスキー　1967：62-63）。

（2）結婚の意義

　トロブリアンド諸島では、若者への性交渉への干渉や規制が少ないにもかかわらず、若者は結婚を望む。それは、結婚によって未婚者の「若者」から既婚者の「成人」へと身分が変わり、妻の兄弟からヤム芋の贈り物を受け取る権利を手に入れるからである。一夫多妻は、身分の高い人と呪術師だけに許される特権になっている。首長は役職手当などないが、複数の妻を持つ特権によって、妻の兄弟からの贈り物によって富が首長に集中する（マリノフスキー　1967：106）。

　さらに結婚への具体的な動機は、女性が未婚で子供を産むことは好ましいと思われていないからである。マリノフスキーは、未婚女性が自由な性交渉をしても妊娠が少ないのは、彼女たちが堕胎しているからかと考えたが、かならずしもそうとも言えないので、セックス過多で妊娠しにくいのかとも憶測していて、最終的な結論は出していない。トロブリアンドで性行為に制約がないのは、性交渉と妊娠が結び付かず、海上を漂う母方の女性祖先の精霊「バロマ」が、水浴びをしている女性の子宮に入ることで妊娠すると考えていたことをつきとめた（マリノフスキー　1981：117）。そのため女性の子供と女性とセックスした男性との因果関係は認められず、「同じ身体である」と表現される親族は、母親だけしか認められない（マリノフスキー　1972：20-21、同　1968：16）。

　とはいえ、子供が生まれると、女性の結婚相手は子供を世話しなければならない。トロブリアンド諸島民にとって、母の結婚相手とは「赤ん坊を腕に抱く人」で、母親と同様に、子供は彼からの世話と養育の手助けを受けるので、親族関係は生物学的というよりは、社会的に意味がある。母系社会にとって、子供の本当の保護者は、母親の兄弟になる。彼らは、父系社会における父親の役割を演じている。だから、夫は夫にすぎず、女性が妊娠して7、8ヶ月になると、女性は夫の小屋を去り、兄弟の小屋に移って分娩し、その後もしばらく滞

在する。陣痛が始まると、男たちは槍で武装して、出産を邪魔する妖術師（魔法を操る人）から妊婦を守ろうとする。女性は小さな火が燃える高台の上にうずくまって陣痛を待つ。出産後３日以上してから、へその緒と後産は「畑に子供の心を据える」ために耕地に埋める。その後１ヶ月は熱い台座の上で過ごす（サーヴィス　1991：182）。

　トロブリアンド諸島では、親族が新婦にスカートを新調する程度で、特別な婚礼儀式はない。女性は、夫の母村に移って一緒に過ごす。そこでは、女性が夫の母系親族と一緒に暮らすので、そこでの生活にあわせる必要があるが、トロブリアンド諸島の女性は独立心が強く、夫が彼女の気に入らない行動をすると、彼女は夫を捨ててしまうこともある。そうなると、夫は妻の親族から受けるはずの持参財を失うので、夫は妻から捨てられないように努力する。家庭内では、妻が全ての財産と家庭用品を所有している。価値のある家、畑地、樹木、カヌー、家畜は夫の所有物で、どちらかが死んでも、相手方のものを相続することはない。夫は交易・石器の製作・木彫りをして、妻は料理・家事をする（サーヴィス　1991：184）。

（3）母　系　制

　トロブリアンド諸島では、男女の性交渉についてかなり自由だが、その相手は同じ母系氏族の成員であってはならない。どの社会でも最高のタブーとされるのは、実の兄弟と姉妹との性関係だが、その原理が一族に及ぶのである。トロブリアンド諸島では、兄弟が姉妹の保護者の役割を果たすので、姉妹は兄弟が近づくと、腰をかがめて姿勢を低くせねばならず、家族の長とみなして、兄弟の命令に服従する。兄弟と姉妹は一緒に暮らしながら、個人的な親しい交際もせず、プライベートなことは絶えず秘密にして、顔を眺めあうことさえも許されず、言葉を交わしてもいけない。兄弟と姉妹の間のタブーは、思春期になると、さらに厳しくなる。姉妹は兄弟にとって、性的接触を禁じられた中心的象徴で、兄弟姉妹の相姦は不正な性関係の原型なのである（マリノフスキー1968：349）。

トロブリアンド諸島の母系氏族は4つに分かれ、それぞれが神話世界で序列を付けられた祖先のトーテム（祖先のシンボル）を持ち、それが社会的身分関係としても使われている。トーテムは動物と考えられており、それぞれの氏族の祖先である動物には犬、豚、蛇、ネズミがある。豚と犬の優劣を決めた神話に次のものがある。豚と犬が一緒に遊び、藪の中で犬がヌクという木の実を見つけた。それはいずれの氏族も食べてはいけないことになっているのに、犬はその臭いをかいで食べてしまった。それを豚が見つけて、「お前はヌクを食った、お前は糞便を食った。お前は卑しい。俺が長だ」とふれまわり、豚は自分の地位を確定した。こうした神話に基づいて、他の氏族でもこの豚をトーテムとする氏族が身分的優越性を主張し、一目置かれる存在になった。

（4）タ　ブ　ー

　氏族は身内意識を持っており、同じ一族の男女は、実の兄弟姉妹と同じように性交渉はタブーだと認識されている。マリノフスキーは次のように述べている。「結婚にせよ性交にせよ、族内婚は絶対的タブーであり、これに違反するものは村の怒りを招き、見つかれば道徳的非難が犯人を自殺に追いやる。この違反に対して死にいたる病が超自然的な制裁として加えられる。それゆえ彼らは族外婚を厳格に守り、決して違反しない」（マリノフスキー　1967：344）。

　族内婚のタブーを犯すとどうなるのだろうか。マリノフスキーは、調査中に起きた、16歳の少年がヤシの木から飛び降り自殺をした事件を紹介している。その少年は、母の姉妹の娘と恋仲になったが、その娘に恋した別の競争相手の若者が、彼のことを村人の前で、近親相姦を犯したと口汚くののしった。それに対して、非難された若者は、翌朝、祭りの正装と装身具を身につけてヤシの木に登り、村人の前で、自分の自暴自棄な行動理由を説明し、自分を死に追いやる男を非難した。彼が非難したことによって、その氏族はその恋敵に復讐することが義務となった。彼はしきたり通りに大声で号泣し、約20メートルのヤシの木の上から飛び降り、自殺してしまった。続いて、村では争いが起こり、自殺した若者の一族は侮辱した恋敵を傷つけた（マリノフスキー　1967：68-

69)。近親相姦のタブーを犯した結末は、実際に自殺によって身の潔白を晴らすということしか許されない、とても厳しいものなのである。

(5)性 と 夢

　マリノフスキーの研究で興味深いのは、フロイトの影響を受けて、性欲と夢についても、トロブリアンド諸島民から話を聞いているところである。トロブリアンド諸島は性肯定社会で、性交渉はかなり自由だけれども、その相手は決して同じ母系氏族ではいけないことは前述した。しかし、同じ氏族に属する異性と性交する夢はしばしば見るという。母親に対しては、決してそうした夢を見ないけれど、姉妹や一族の女性に対する近親相姦的な夢は見ることがあると男たちは話す。しかし、そうした夢を見た後は、深刻に苦痛に満ちた記憶が残る。同じ氏族で、少し遠い関係の女性であれば、楽しい印象になるのだが。姉妹と近親相姦をした男性のうわさを聞いたマリノフスキーによれば、島民の間で彼の悪評が立ち、うわさでは言語道断の話として非難されていた。他方、実の兄弟姉妹ではなく、同じ母系氏族の女性と性関係を持つと、体内に吹き出物ができる病気にかかると信じられていた。しかし、この病気には対処する呪術があり、道徳的な恥も小さいようだ（マリノフスキー　1972：102-104）。

お わ り に

　トロブリアンド諸島のクラ交易や性への観念は、我々の基準からは奇異に思われるかもしれない。しかし彼らにとって、日本人が高校野球に熱狂することは理解できないことである。母系社会の説明も、シングルマザーが多数を占める社会を想定したら、未婚の母が自分の兄弟に頼ることはイメージしやすいだろう。ある社会が父系か母系をどのように選択するかは、かなり偶然的要素で決まると言われている。また父系か母系かを決めかねてゆれている社会もあり、「伝統的」と考えられる文化は、決して起源の古いものでもなく、また将来的に変化しないというわけでもない。

トロブリアンド諸島にも変化の波が来ている。例えば1990年代に製作されたオーストラリアのドキュメンタリーでは、衛星電話を使い、世界中で貿易を展開するトロブリアンド人が、母のオジから受け継いだクラ・マスターの地位を維持するため、クルーザーでクラ交易をしている姿が紹介されていた。このように技術が進歩し、社会が変わっても、形を変えながら連綿と受け継がれる価値観がある。世界のあらゆる場所に貨幣経済が浸透し、グローバリゼーションが進行したとしても、各地の環境や文化が一様にならず、継承される力を持つ生きた文化があることは、多様性に満ちた人類の文化への興味をより一層掻き立てるのではないだろうか。

【参 考 文 献】

泉　靖一編　1980　『マリノフスキー・レヴィ＝ストロース』　中央公論社。

Weiner, Annette B.　1988　*The Trobrianders* of *Papua New Guinea*　Holt, Rinehart and Winston.

ゴドリエ，モーリス　2000　『贈与の謎』　山内昶訳　法政大学出版局。

サーヴィス，エルマン・R.　1991　『民族の世界――未開社会の多彩な生活様式の探究』　増田義郎監修　講談社。

須藤　健一　1989　『母系社会の構造――サンゴ礁の島々の民族誌』　紀伊国屋書店。

Damon, Frederick H　1980　"The Problem of the Kula on Woodlark Island : Expansion, Accumulation, and Over-Production"　*Ethnos*, Vol.45 no3-4, pp.176-201.

堀　喜望　1959　『マリノウスキー』　有斐閣。

マリノフスキー，B.　1941　『神話と社会』　国分敬治訳　創元社。

マリノウスキー，B.　1967　『未開社会における犯罪と慣習』　青山道夫訳　新泉社。

マリノウスキー，B.　1968　『未開人の性生活』　泉靖一・蒲生正男・島澄訳　ぺりかん社。

マリノウスキー，B.　1972　『未開社会における性と抑圧』　阿部年晴・真崎義博訳　社会思想社。

マリノフスキー，B.　1980　『西太平洋の遠洋航海者』　寺田和夫・増田義郎訳（マリノフスキー・レヴィ＝ストロース著、泉靖一編『世界の名著』59）中央公論社。

マリノウスキー　1981　『バロマ――トロブリアンド諸島の呪術と死霊信仰』　高橋渉訳　未来社。

マリノフスキー　1987　『マリノフスキー日記』　谷口佳子訳　平凡社。

山口　昌男　1982　『文化人類学への招待』　岩波書店。

お わ り に

　最初に紹介したように、本書は 30 年近く文化人類学入門として講義をしてきた内容をまとめたものである。東西冷戦と、その終結、グローバリゼーション、そして新たな冷戦、感染症の流行、ロシアのウクライナ侵攻と、世界の枠組みは絶えず変わり、かつて人類学者たちが探検に行った地域でも、世界の動きに連動して辺境に住む民族の生活も大きく変化した。SNS が発達した現在では、ネット上に多くの映像や文字情報が溢れている。この本で紹介した各地域の社会も、授業を始めたころとは異なり、大なり小なりグローバリゼーションの影響を受けている。

　本書で取り上げたヌエル族は、南スーダンが独立し、その後も民族紛争が激化したことで、放牧生活自体が崩壊してしまっている。授業では、1990 年代に放送されたドキュメンタリーを使っていたが、彼らのそうした生活は、21 世紀になって消滅してしまい、この民族を研究している栗本英世氏は、対象の変遷とともに紛争と難民の専門家となっている。また民族名称も変化している。1990 年代まではインディアンが一般的であったのに、現在ではネイティブ・アメリカンが通常使われるようになった。それとは一見反対方向に見えるようであるが、かつて差別的に思われていた「エスキモー」や「ピグミー」という名称が、逆に近年になって先住民運動や彼らを支援する NGO 組織に積極的に用いられるようになっている。

　本書に取り上げた地域は、いずれも筆者は行ったことはない。映像資料と民族誌のみでの理解には限界があるので、それぞれの民族については、その民族を専門に研究している人類学者に原稿を読んでもらい、コメントをもらって原稿を仕上げた。ナバホ族は渡辺浩平氏、エスキモーは岸上伸啓氏、ヌエル族は栗本英世氏、モロッコは内堀正樹氏、バリ島民、ピグミー族、トロブリアンド諸島民は二文字屋脩氏に見ていただいた。

　ある学生からの授業の感想で、次のようなものがあった。「自宅で家族と一

緒に夕食を取りながらテレビを見ていて、ちょうど授業で取り上げたモロッコの番組を放送していたので、番組を見ながら家族に授業で習ったことを解説すると、両親が驚いて、ちゃんと勉強しているんだと言われました」と書いてきた。また卒業生から、荒唐無稽に見える未開の民族の話が、営業に行った先で話のきっかけとなることが多く、さらに異文化の知識は、社会に出て、人生に悩んだ時に役に立つ、と言ってくれた。それは、単に雑学的な知識ではなく、幅広い意味での教養だと思う。文化人類学は、中国の思想家である老子の「無用之用」[1] に当たるものと言える。

---

(1)「三十輻共一轂。当其無、有車之用」(30本の輻は1つのこしきに集まって車輪を形成している。そこに何もない空間があるから、車輪としての役割を果たす)。

【著者紹介】

中生　勝美（なかお　かつみ）

1956 年生まれ、中央大学法学部卒業、上智大学文学研究科博士後期
単位取得退学、京都大学にて博士（人間・環境学）。専門分野は社会
人類学、植民地研究。中国、香港、台湾、沖縄をフィールドに社会
構造、歴史変化、植民地文化論について調査研究を進めている。

主著：『近代日本の人類学史：帝国と植民地の記憶』（単著、風響社、
2016 年）、『中国農村の生活世界』（単著、風響社、2023 年）、『植
民地人類学の展望』（編著、風響社、2000 年）、『中国村落の権力構
造と社会変化』（単著、アジア政経学会、1990 年）、『広東語自遊自
在』（共著、日本交通公社、1992 年）。

主要論文：「日本占領期の社会調査と人類学の再編：民族学から文化
人類学へ」末廣昭編『帝国の学知』第 6 巻（岩波書店、2006 年）、
「マルクス主義と日本の人類学」山路勝彦編『日本の人類学：植民
地主義、異文化研究、学術調査の歴史』（関西学院大学出版会、
2011 年）、「低レベル放射性物質と東シナ海の津波：台湾離島の核
廃棄物貯蔵場」桜美林大学国際学研究所編『東日本大震災と知の
役割』（勁草書房、2012 年）、「ABCC の被爆者調査」小池聖一編
『原爆報道の研究』（現代史料出版、2023）。

異文化へのアプローチ──文化人類学入門

2023 年 10 月 20 日　初版第 1 刷発行

編著者　中生　勝美

発行者　木村　慎也

カバーデザイン／北樹出版装幀室　　印刷・製本　モリモト印刷

発行所　株式会社 北 樹 出 版

〒 153-0061　東京都目黒区中目黒 1-2-6
URL：http://www.hokuju.jp
電話 (03) 3715-1525 (代表)　FAX (03) 5720-1488